M. A

MW01526735

LES SARKOZY

Pascale Nivelle
Elise Karlin

LES SARKOZY
Une famille française

calmann-lévy

© Calmann-Lévy, 2006

ISBN 2-7021-3723-7

À Georges.

PROLOGUE

Décembre 1948. Il fait froid, place de l'Étoile. Transi dans une mauvaise chemise, le jeune homme est recroquevillé sur la grille d'aération du métro parisien. Au fond de sa poche, l'adresse d'un palace et un livret militaire froissé. Ce clochard, à qui personne ne ferait l'aumône d'un sou, porte une chevalière à l'annulaire gauche. Montée sur la bague, une obsidienne, frappée du blason de l'ancienne noblesse de Hongrie.

Ce soir, Pal Sarkozy pensait dormir dans les draps fins de l'hôtel Pierre-Ier-de-Serbie, à côté du Trocadéro. Et y retrouver sa mère Kotinka, installée là comme une princesse. On ne l'a même pas laissé mettre un pied dans le hall. Avec son français chantant, il a tenté de parler au portier. « Pas de

Mme Sarkozy ici », a lâché, glacial, l'employé en livrée. Refoulé comme un vaurien, le crâne rasé, Pal s'est retrouvé sur le trottoir parisien. Sans argent, sans adresse, ni personne à contacter. La nuit est tombée, le voilà roulé en boule sur le métal dur, dans les effluves tièdes qui montent du métropolitain. Sans chaussures...

Décembre 2005. Les Champs-Élysées se diluent dans les grappes de guirlandes de Noël, des touristes s'agglutinent devant d'immenses vitrines. Au volant de sa Smart noire, la radio calée sur France Info, Paul Sarkozy se faufile entre les berlines et les taxis. « Nicolas Sarkozy, dans une interview au journal *Libération*, se dit prêt pour la dernière ligne droite avant l'élection présidentielle.» Nicolas à l'Élysée ! La vie est décidément pleine d'imprévus. De ses trois premiers fils, il trouvait qu'il était le moins doué. Pour parvenir aux mêmes résultats que ses frères, lui devait travailler la nuit, au point de piquer du nez sur son pupitre pendant la classe. Nicolas veut devenir président de la République... Que d'ennuis en perspective ! Déjà, une bonne partie de la famille, ayant reçu des menaces de mort, est placée sous protection policière. Pas lui. C'est tout juste s'il n'éprouve pas un petit pincement de jalousie. Mais qui s'intéresserait à un retraité de soixante-dix-sept ans, qui partage sa vie entre Neuilly-sur-Seine et Ibiza, son petit chien et ses Picasso ?

L'image de son fils cadet le poursuit dans les rues. Un nom sur des graffitis, *Sarkozy = Le Pen*. Un visage en dos des kiosques, le sourcil froncé, sourire de défi barré par des titres agressifs. *La guerre Sarkozy-Villepin*. Et s'il y arrivait, à dormir dans ce palais de la rue du Faubourg-Saint-Honoré ? Il en parle depuis près de trente ans. Hors le pouvoir, rien ne l'a jamais intéressé. Guillaume aime les honneurs, la réussite. François lui ressemble, qui préfère le luxe et les mondanités. Nicolas ou la revanche des petits – longtemps, lorsqu'ils marchaient ensemble dans la rue, Paul se souvient qu'il lui laissait le haut du trottoir, pour ne pas froisser sa susceptibilité. Il a toujours eu son caractère, Nicolas.

Paul Sarkozy a donné rendez-vous au Fouquet's, repaire de stars sur le retour. Il laisse les clés de la Smart au chasseur, dépose sa pelisse à col de fourrure au vestiaire. « Merci, chérrrie », glisse-t-il à l'oreille de la jeune ouvreuse, en posant sur sa joue un baiser sonore. Dans la salle aux tentures rouges piquées d'appliques rococo, il fait une entrée de diva, parle fort, marque l'arrêt devant chaque table avec un sourire de réclame : « Très chère... », « Mon ami... », « Monsieur le président... ». Il ne reconnaît pas tous les visages mais il sait très bien faire semblant. De toutes parts, on s'empresse auprès du père de Nicolas Sarkozy. À table, il allume une cigarette, exhale la fumée dans un geste large de la main ornée à l'annulaire de la chevalière à l'obsidienne. Paul Sarkozy aime se faire prier. « Encore raconter ces vieilles histoires ? Ce qu'il faudrait écrire, c'est un livre sur ma vie amoureuse. À mon âge, il n'y a que ça qui compte. J'ai épousé quatre femmes merveilleuses. Dadu, la mère de Nicolas, était la plus belle femme du monde... Tout ça c'est le passé[1]. » Les pieds nus, en décembre 1948 ? « Je venais du Moyen Âge, de Hongrie ! »

Guillaume, Nicolas, François. Chacun des trois fils Sarkozy a composé avec ce père fantasque. L'aîné porte la chevalière aux armes de la famille. Le benjamin s'amuse des frasques paternelles. Quant au cadet, il en parle le moins possible. Mais il n'hésite pas à convoquer ses origines dans ses meetings, lorsqu'il célèbre « les vertus éternelles de la France » en cherchant l'équilibre entre nationalisme exclusif et romantisme patriotique. Le 9 mai 2006, devant des milliers de militants UMP à Nîmes, Nicolas Sarkozy

---

1. Entretien avec l'une des auteures, décembre 2005.

s'est emballé : « Fils d'immigré hongrois, je sais ce que cela signifie de prendre en partage une histoire qui n'est pas celle de ses ancêtres... Je sais au fond de moi que la France vient d'un élan du cœur. »

De quelle histoire parle-t-il, lui qui avait cinq ans lorsque Paul Sarkozy a quitté le domicile familial, ne laissant à ses trois fils que quelques récits de sa vie ? De Pal à Nicolas Sarkozy, une seule génération a tracé cette trajectoire. Le père et le fils se ressemblent : même front haut, même ambition. Mais dès l'enfance, Nicolas s'est construit en butte au père absent, dans la violence du ressentiment, souffrant de sa taille et de sa solitude.

La saga des Sarkozy va des steppes de la Hongrie impériale jusqu'à Neuilly-sur-Seine, en passant par le régime soviétique, Salonique, la Jérusalem de la Méditerranée, la Corrèze pendant l'Occupation, puis Paris. À travers la France de Vichy, les Trente Glorieuses et les premières années de l'ascension de Nicolas Sarkozy, se dessine le destin d'une famille ordinaire et pourtant si singulière, avec ses victoires et ses mensonges. Repliée dans sa mémoire d'exil, la vérité de Pal Sarkozy s'effrite entre les mots : le château en Hongrie, la noblesse, la Légion, la réussite... À ses enfants de démêler le vrai du faux.

Andrée Sarkozy, la mère, fille d'un immigré juif, amoureuse du Hongrois flambeur et flamboyant, mariée puis abandonnée, s'est battue pour élever ses trois fils dans les beaux quartiers. Devenue avocate après son divorce, elle a imposé son énergie à ses proches, tandis que le grand-père, le docteur Benedict Mallah, veillait sur la nichée qu'il hébergeait.

Chacun des trois garçons Sarkozy a réussi à sa manière. L'aîné, Guillaume, a investi dans les affaires, comme son père, François, le troisième, est devenu médecin comme son grand-père. Nicolas s'est fait une place tardive dans la famille, mais au premier rang, sous les projecteurs dont il a raffolé très vite. Rien ne le prédestinait à la politique, devenue dès l'adolescence une passion dévorante.

Parce qu'un homme est la somme de ses origines, parce que son destin s'esquisse dès l'enfance, parce qu'il se bâtit sur ce qui est donné et ce qu'il faut prendre, raconter la famille de Nicolas Sarkozy, c'est une autre manière de parler de lui. Le fils d'immigré a façonné l'homme politique, et le gamin d'hier l'ambitieux d'aujourd'hui...

À lui, à ses frères, Paul Sarkozy a raconté une enfance à la Tchekhov, cerisaie engloutie dans les tourbillons du XXᵉ siècle. Il est né dans la Hongrie moyenâgeuse, à peine sevrée de l'empire des Habsbourg. Le communisme l'a spolié, saccageant sa jeunesse [1]. Lorsqu'il est arrivé en France, il ne possédait plus que sa bague aux armoiries hongroises, son talisman, et des souvenirs en trésor. Ce vaste bric-à-brac, mélange d'authentique et de toc, constitue son seul bagage d'expatrié.

Paul sourit souvent devant sa télévision. Il est le seul à détenir la vérité des Sarkozy, qui n'est pas tout à fait celle qu'il raconte depuis soixante ans. Nicolas s'empare du mythe ? S'il peut encore servir, grand bien lui fasse. L'heure pourtant n'est pas encore venue. Paul Sarkozy est persuadé qu'il faut trois générations pour faire une dynastie. Le maillon fort, c'est encore lui, pierre angulaire de cette famille française.

1. « J'étais un réfugié politique fuyant le stalinisme et la France m'a accueilli », entretien avec Raphaëlle Bacqué, *Le Monde*, 6 octobre 2002.

PREMIÈRE PARTIE

1

PAUL SARKOZY

Paris

Pal est vraiment arrivé à Paris au début de l'hiver 1948, et sûrement sans un sou. Il n'est pas le seul – cette année-là, des milliers de sans-abri errent à travers une capitale exsangue. La machine économique, détruite par six ans de guerre, tarde à redémarrer. La France subit la crise de plein fouet et regarde sans compassion ces apatrides aux joues creuses, pour beaucoup réfugiés d'Europe de l'Est, qui hantent les rues. Dans ses vêtements en loques, le cheveu ras comme celui des orphelins, Pal Sarkozy se fond dans la misère.

Paris ne l'attend pas. En un an, le franc a été dévalué trois fois, l'inflation a bondi et le monde ouvrier est en ébullition. Le PCF, parti des « soixante-quinze mille fusillés », évincé du gouvernement et sous-représenté au Parlement, entretient une ambiance insurrectionnelle. Dans le nord du pays, les émeutes des mineurs ont été réprimées dans le sang. On a faim dans les corons, faim jusque dans les appartements parisiens, faim au point de se croire revenu sous l'Occupation. La France manque de tout : charbon, logements, viande, vêtements. Pour acheter une simple miche de pain, il faut sortir les vieilles cartes alimentaires, les tickets de rationnement – et les rations baissent ! Deux cent cinquante grammes par jour et par personne.

La jeune IVe République donne son impuissance en spectacle. Les gouvernements s'effondrent tous les quatre mois, les présidents du Conseil valsent. À Colombey-les-Deux-Églises, le général piaffe. Relégué depuis trois ans dans sa gentilhommière, de Gaulle fulmine contre la République des partis et l'ingratitude des Français qui tardent à le rappeler. 1948 : Pal Sarkozy choisit pour arriver en France l'année la plus noire depuis la guerre.

Peu lui importe. Sous les pauvres décorations de Noël, les Champs-Élysées ont pour lui des airs de paradis. S'il n'avait pas quitté la Hongrie, qui sait, peut-être serait-il en train de chanter *L'Internatio-*

nale sous la capote de l'Armée rouge ou de croupir dans un goulag de Sibérie. Il pourrait aussi crapahuter dans les rizières minées d'Indochine... Mais non, il est à Paris et il a vingt ans. L'histoire s'est emballée autour de lui. Son parcours dessine un roman d'aventures, que son imagination enjolive déjà. Si seulement il pouvait oublier le froid qui enserre ses chevilles.

Noblesse d'Empire

Dans une autre vie, le vagabond a été Pal Istvan Ernö Särközy Nagybocsaï, né le 5 mai 1928 à Budapest. C'est un noble, dernier bourgeon d'une lignée de petits aristocrates enracinée depuis trois cents ans dans la plaine hongroise. Ses ancêtres étaient des paysans, des protestants, menacés depuis la nuit des temps par les Turcs, infatigables envahisseurs. Au début du XVIIᵉ siècle, l'un d'eux a quitté la ferme familiale pour les champs de bataille. Mihaly Särközy s'est distingué au combat et, le 10 septembre 1628 à Vienne, le roi Ferdinand II de Hongrie en personne l'a récompensé : « Par la plénitude de notre puissance royale et par grâce spéciale, il y a lieu de faire sortir Mihaly et son épouse Katalina de la situation et condition de roturiers dans laquelle ils sont réputés avoir vécu jusqu'à présent, pour les agréger et les inscrire au corps et au nombre des nobles authentiques et indubitables de notre royaume de Hongrie. »

Mihaly a reçu un sabre et un blason chamarré représentant un loup dressé comme un homme, la langue tirée, une épée dans sa patte avant droite. Il n'y a pas de titre, ni comte ni même baron, mais ce sésame permet aux descendants Särközy d'accéder pour toujours au rang des privilégiés du royaume. En 1754, Janos, petit-fils du premier « noble authentique et indubitable » de la famille Särközy, accole à son nom celui de son domaine agricole de Nagy Bocsa, un hameau au sud de la ville de Keskemet. Lui et ses descendants se nommeront désormais Särközy Nagybocsaï.

La haute noblesse hongroise est à la fête sous les Habsbourg. Elle envoie ses rejetons s'étourdir dans les bals de la capitale. La province est tenue à l'écart. À Szolnok, petite ville de la grande plaine, à l'est du Danube, on est loin des valses et des cafés littéraires. C'est là que l'austère et protestante famille Särközy s'enrichit sans hâte, de génération en génération. Au début du XXe siècle, un Särközy est vice-maire de la ville. Il s'appelle György comme son père et son fils. Chez les Särközy, tous les premiers-nés s'appellent György : on transmet le prénom, le blason et

autant que possible la charge de fonctionnaire municipal.

En 1921 à Szolnok, le jeune György Särközy, clerc
de notaire de son état, épouse la fille d'un industriel
de Budapest, Katalin Ilona Tama's Toth, catholique
de dix-huit ans. Un beau mariage. Katalin, qu'on
appelle Kotinka, ouvre ses yeux clairs et secoue avec
grâce d'épaisses boucles blond vénitien. György, lui,
a grande allure. Diplômé de la faculté de droit de
Budapest, il devient vice-maire de Szolnok à trente
et un ans, comme son père. En 1928, Kotinka met
au monde leur troisième enfant, Pal. Ses frères,
György et Gédéon, ont six et quatre ans. Depuis dix
ans, l'Empire est disloqué ; depuis dix ans, la Hongrie tente de se relever.

Dans la Hongrie défaite

Pal naît dans un pays neurasthénique, qui pleure
ses illusions perdues. Malheur aux vaincus ! Avec le
traité de Trianon, en 1920, la Première Guerre mondiale s'est soldée par des sacrifices : l'Empire austro-
hongrois a été démantelé et la Hongrie, amputée des
deux tiers de ses territoires, a perdu trois millions
d'habitants. Les Magyars, dont l'orgueil est aussi
réputé que leur amour pour le tokay, vivent comme

une humiliation la perte de la Transylvanie (annexée à la Roumanie) et d'un symbolique accès à la mer, en Croatie. Les grands domaines familiaux sont morcelés, leurs habitants chassés ou forcés à l'exil. À Budapest aussi bien qu'à Berlin, les nationalistes ont soif de revanche. Dans les cafés, les violons tziganes déchirent les cœurs des nostalgiques de la Belle Époque.

À une centaine de kilomètres à l'est de la capitale, Szolnok a-t-elle senti le vent de l'histoire ? C'est une petite ville cossue de quatre-vingt mille habitants, plantée sur les berges de la rivière Tisza. Les façades baroques jaune et blanc flottent depuis des siècles sur la steppe marécageuse, qui file sans accident jusqu'à l'Ukraine et à la Russie. C'est la plaine de la Puszta, « le désert ». L'été, les chevaux et les moutons aux cornes torsadées s'y disputent les herbages infestés de moustiques ; l'hiver, quand la Tisza charrie des glaçons, les troupeaux regagnent les longues bergeries blanches. Ici, les garçons rêvent de cowboys nommés *csikos,* qui portent la moustache en guidon de vélo, le pantalon blanc et le gilet noir brodé, et dont les plus habiles chevauchent deux bêtes debout, sans lâcher les rênes de cinq autres pur-sang.

Paul Sarkozy aime raconter cette Hongrie figée dans la splendeur de son passé, cette noblesse à

peine concernée par l'histoire tragique que le Reich
écrit dans le sang. Il a toujours dit que sa famille,
les Särközy, possédait un château près du village
d'Alattyán, dans la plaine. Que son père György
régnait sur un domaine agricole et industriel riche
de milliers d'hectares, qu'il avait à son service des
milliers de gens. Que sa mère Kotinka inspectait les
ongles de ses domestiques avant qu'ils viennent la
servir à table. Que les enfants dînaient en cuisine
avec leurs précepteurs pendant que l'armada des
valets servait à souper pour trente convives, orches-
tre tzigane en sourdine derrière un rideau d'apparat.
Pal dit aussi qu'il n'a pas partagé plus d'une dizaine
de repas en tête à tête avec ses parents. Qu'il allait
au lycée à cheval, à trente kilomètres de là. Que, à
l'âge des études secondaires, il a été envoyé en pension dans le Valais suisse, comme tous les rejetons
de l'aristocratie européenne.

De ces récits, il ne reste rien. Pas un témoin, pas
un dessin, pas une photo. Aucune trace, pas même
la dernière pierre du fameux domaine familial. Rien.
Mais ce n'est pas le siècle qui a tout englouti, comme
Paul Sarkozy se plaît à le prétendre. Ce sont ses
souvenirs qui sont écrits sur du vent, tracés à la craie
de son imagination. Tous, ils s'effritent au contact
des archives. Car la fortune a tourné pour la famille
Särközy au début des années vingt. Les propriétés,

qui disparaissent des registres de Szolnok juste après la Première Guerre mondiale, ont-elles été dispersées dans le naufrage de l'Empire ? C'est possible : le grand-père de Pal est né à Ermihalyfalva, une région cédée à la Roumanie. Malgré ces revers du destin, György, le père de Pal, peut croire un moment qu'il va redresser la lignée. Après des études secondaires à Szolnok, il part faire son droit à la faculté de Budapest. C'est là que le cueille le cataclysme de 1914.

Mobilisé, György combat sous l'uniforme de sous-lieutenant du 68e régiment d'infanterie, loin de l'héroïsme du glorieux aïeul Mihaly. Après la défaite de son pays, et son anéantissement dans le concert des nations, il commence une carrière de clerc de notaire. Bel homme, toujours bien mis, il habite au 4, rue Magyar, dans un joli quartier de Szolnok. Il est ambitieux, de bonne naissance : il sera notable avant que le cheveu blanchisse. György devient fonctionnaire à la mairie, puis conseiller municipal en charge des finances, puis vice-maire. Il a l'esprit d'un bâtisseur et entend réveiller sa petite ville assoupie. Grâce aux grands chantiers qu'il lance, Szolnok aura bientôt les attributs d'une capitale, son théâtre, son établissement thermal, son abattoir, son parc artistique, des bâtiments municipaux imposants. Son épouse Kotinka règne sur la maison et ses trois garçons. Des garnements aux yeux clairs, au caractère bien trempé. Pendant les vacances, la famille prend ses quartiers dans le village d'Alattyán, à quelques dizaines de kilomètres au nord de la ville. György y loue une petite exploitation agricole, mille arpents qu'il a placés sous la responsabilité d'un régisseur. Là-bas, il retrouve son ami Lajos Tóth Maár, un lointain cousin de Kotinka, qui règne sur un immense domaine tout proche. En 1933, à la mort de son père adoptif Zoltán Maár, Lajos a hérité du domaine et du grand château d'Alattyán, qu'il habite avec de nombreux domestiques [1]. C'est lui le véritable châtelain d'Alattyán, le seul légataire du château que Paul Sarkozy n'a pas hésité à s'approprier dans ses différents récits.

Profil fin, élégance classique, Lajos a étudié à Oxford, puis à Budapest. Il a voyagé, en France, en Suisse. Son domaine agricole, laboratoire de ses ambitions, fait vivre la plupart des familles de la région. Sur ses terres, un petit train lancé à travers champs sert au transport du matériel. Trois ou quatre fois par an, Lajos offre une réception où se pressent les notables du canton. Dignitaires, hauts fonctionnaires, militaires, tout ce que la région

---

1. Témoignage de l'historien Mosonyi Sandor, recueilli par Jean-Baptiste Rivoire et Viktoria Müller pour Canal +.

compte de nobles et de bourgeois se précipite. Lajos est également un excellent fusil. Ses parties de chasse dans la plaine sont réputées. Sa cave et sa table aussi. Lajos Tóth Maár n'a pas d'enfant, il adore les trois fils de György et Kotinka Särközy. Ces trois blondinets, que leur mère habille en costume marin, font tourner la tête des écolières du village. Pal et ses frères sont chez eux dans la vaste gentilhommière, longue bâtisse flanquée d'une imposante entrée à colonnades. Toutes les vacances, le retour de ces séducteurs électrise les paysannes qui servent au château. On joue aux cartes, on flirte dans le parc. La vie est facile, les garçons sont insouciants.

Grandeur et décadence

L'harmonie se lézarde en 1938. Pal a dix ans. Son père est à l'apogée de sa carrière de fonctionnaire. Il dirige à Szolnok le mouvement Turul Bajtarsi Szövtetseg, une organisation qui se charge d'« éduquer socialement et culturellement » la jeunesse hongroise. Certes, la Hongrie des années trente n'est pas le IIIᵉ Reich, et les mouvements Levente ne sont pas les Jeunesses hitlériennes. Mais ils forment toute une génération, celle de Pal et de ses frères, au culte de l'ordre, de l'excellence et du nationalisme. Dès l'école, on apprend au son du clairon. Chants patriotiques, « cours de défense nationale », apprentissage des armes sont au programme. À Budapest, un ancien militaire de l'Empire, l'amiral Miklós Horthy, règne en dictateur depuis 1919. Avant lui, la parenthèse bolchevique dirigée par Béla Kun a fait trembler la bourgeoisie. Industriels et propriétaires terriens se sont accordés pour laisser Horthy, issu de la petite noblesse, occuper l'ancien trône royal, afin qu'il instaure le régime réactionnaire et autoritaire qui saura défendre leurs intérêts. Horthy offre à ses compatriotes humiliés l'espoir d'une revanche et l'illusion de la puissance retrouvée. Pour rendre ses frontières à une Hongrie réunifiée, il s'aligne sur les futures puissances de l'Axe. L'amiral, qui affichait au début de son règne une prudente neutralité vis-à-vis de ses voisins fascistes, pactise avec le Führer et le Duce.

À Szolnok, les grands travaux du vice-maire György Särközy ont débarrassé la ville de ses complexes provinciaux, mais au prix d'un endettement qui grève les finances municipales. C'est « l'emprunt Speyer », scandale local qui explose à la fin des années trente. Corruption, détournements de fonds – des fonctionnaires doivent rendre des comptes. Certains se suicident. György Särközy est arrêté et jugé. Partiellement relaxé, il est déclaré coupable de détournements de fonds, démissionne et quitte Szolnok avec sa famille en 1938. L'année suivante, un journal local[1] signale que l'ancien responsable des finances de Szolnok vient d'être nommé gérant d'une usine de textile et de tricot dans les environs de Budapest. György et les siens ne reviendront dans la région que pour les vacances chez Lajos Tóth Maár à Alattyán : un havre de tranquillité, que l'onde de l'opprobre n'a pas atteint. Ici, on ne se souvient que des fêtes et des histoires galantes prêtées aux trois fils Särközy. Ici, à une centaine de kilomètres de Budapest, leur éducation fait encore illusion. Certes, dans la Hongrie de l'entre-deux-guerres, leur titre de noblesse n'est pas une distinction extraordinaire. La moitié des familles affichent des armes et des titres gagnés sur les champs de bataille, tandis que la petite aristocratie fait office de bourgeoisie. À Budapest, Pal et ses frères ont découvert l'aristocratie de l'Empire, celle des Estherházy, des familles qui confient leurs enfants à des nurses en uniforme avant de les envoyer étudier dans des collèges suisses. Dans ce monde-là, impossible de faire illusion : un coup d'œil suffit pour déceler l'ancien paysan sous le jeune provincial.

---

1. Voir László Hirn et Oszkár Zsadányile, *Szolnoki fejek* (« Têtes de Szolnok »), 1928, archives municipales de Szolnok.

Cimes rêvées

Au crépuscule des années trente, Horthy cède à l'extrême droite et aux antisémites qui donnent de la voix dans tout le pays. Des lois antijuives, semblables à celles du régime nazi, sont promulguées. Travail forcé, recensement, interdiction des mariages mixtes... la Hongrie collabore sans restriction et Hitler exige en retour de la Roumanie qu'elle restitue la Transylvanie annexée dix-neuf ans plus tôt. La Hongrie récupère sa province perdue, mais à quel prix ? Blottis sous l'aile du Reich conquérant, les Magyars connaissent deux années de fierté retrouvée et de tranquillité illusoire.

En 1941, le vent tourne. Le pacte Molotov-Ribbentrop est rompu, les panzerdivisions foncent vers Moscou. La Hongrie honore son alliance et entre en guerre contre l'URSS sous la bannière à croix gammée. Les hommes sont mobilisés. Dans la famille Särközy, seuls György, quarante-cinq ans, et Pal, treize ans, échappent à la conscription. Les deux fils aînés ont dix-neuf et dix-sept ans, l'âge de combattre aux côtés des soldats du IIIe Reich. Gédéon est hussard dans l'armée hongroise. C'est le début des années noires, totalement occultées de la mémoire de Pal. Il n'a aucun souvenir d'enrôlement forcé dans les camps de jeunesse, ni du moindre embrigadement, lot commun de la jeunesse hongroise du début des années quarante. De cette époque de fer et de feu, lui n'a gardé que des images de pâturages et de cimes enneigées : il raconte qu'il était alors perdu au cœur du Valais, en pension chez les pères prémontrés, protégé des turbulences européennes par les sommets des Alpes. Les indications sont précises. Les faits aussi : un seul internat tenu par des pères prémontrés dans le Valais a accueilli des étrangers pendant la guerre, c'est l'abbaye-collège de Saint-Maurice. Or, ses registres n'ont gardé aucune trace du passage de Pal Särközy de Nagy Bocsa entre 1938 et 1944. « C'est le vide absolu concernant ce dossier[1] », assure-t-on poliment et fermement dans cet établissement, qui tient à jour ses archives depuis 1806. Confronté à la réalité, Paul Sarkozy élude, invoque des souvenirs qui se brouillent, il rectifie, et si c'était Paris ? Et passe à autre chose[2].

---

1. Entretien entre le chanoine Antoine Roduit, de l'abbaye de Saint-Maurice (Valais, Suisse), et la journaliste Véronique Robert pour Canal +, le 24 janvier 2005.
2. Interview Canal +.

Quand les lendemains déchantent

En 1944, toute l'Europe est secouée par l'agonie du IIIe Reich. Eichmann s'est installé à Budapest en mai, avec un bataillon de deux cents SS. Organisant jusqu'à l'obsession la « Solution finale » dans les pays conquis, il entend déporter les Juifs hongrois jusqu'au dernier. Le régime de Horthy les avait relativement épargnés, mais voilà qu'on les parque dans un ghetto improvisé, à Budapest, d'où les convois partent vers les camps à un rythme jamais atteint. L'administration et la gendarmerie de Hongrie collaborent. Des centaines de milliers de Juifs et de Tziganes sont exterminés à Auschwitz. Le dernier convoi à parvenir au camp, au terme d'un tragique et interminable voyage dans la canicule, arrivera de Budapest. En octobre 1944, Horthy juge la guerre perdue et tente une paix séparée avec les Russes. Aussitôt, une division allemande investit la citadelle de Budapest, le destitue et porte au pouvoir le nazi ultranationaliste Ferenc Szálasi, fondateur du parti des Croix-Fléchées. Dans le pays désorganisé par la guerre, les déportations s'accélèrent. Ce n'est plus en train, mais à pied, que les Juifs partent vers la mort. Ils meurent sur les routes par milliers. Les milices des Croix-Fléchées massacrent ceux qui sont restés, les abattant par centaines sur les bords du Danube. En quelques mois, les deux tiers de la population juive hongroise sont exterminés.

Szolnok n'est pas Budapest, et le sort des Juifs est loin des préoccupations de la plupart des Hongrois. Le quotidien de cette année noire, ce sont les bombardements et la peur de l'arrivée des Soviétiques. L'Armée rouge a passé la frontière à l'automne. Ce qui reste de l'armée hongroise est en déroute ; officiers d'opérette en uniforme à brandebourgs, soldats exténués. Le 11 novembre, les Russes sont à Alattyán, semant la terreur. Bientôt, ils chanteront *L'Internationale* à Budapest. Pour les Hongrois, c'est l'heure des choix : faut-il mourir avec les perdants ou subir le joug des vainqueurs ? Les lignes se brouillent. Une partie de la population, antinazie, a vécu l'alliance germano-hongroise comme une occupation – mais ils ne se rangent pas pour autant du côté des communistes. La rumeur se propage, les peurs se cristallisent. Les Russes, dit-on, veulent punir les Hongrois pour le rôle qu'ils ont joué dans la bataille de Stalingrad. Fonctionnaires, gendarmes, paysans, bourgeois, curés... tous prennent la route sans but, dans un exode hétéroclite. Des dizaines, des centaines de milliers de Hongrois s'enfuient, terrorisés de devoir payer les années de collaboration, poussés par l'avancée du front rouge.

Le 13 février 1945, après plusieurs semaines de siège, l'armée soviétique entre dans Budapest. Deux mois plus tard, les Alliés fêtent la libération du pays. Libération ou début d'une nouvelle occupation ? En ce printemps troublé, il ne se trouve pas grand monde, en Hongrie, pour parier sur la réponse. L'écrivain antinazi Sándor Márai, bourgeois de la classe sociale des Särközy, a raconté cet instant d'abîme dans ses *Mémoires de Hongrie*[1]. Réfugié à la campagne pendant le siège de Budapest, il a retrouvé sa maison au printemps 1945 : un amas de ruines où traînaient encore, vestiges dérisoires, son vieux haut-de-forme et la photo de Léon Tolstoï qu'il aimait contempler en écrivant. Dans les décombres de sa bibliothèque, un seul livre est intact, *Comment élever son chien dans une maison bourgeoise...* Depuis les États-Unis où il s'exilera trois ans plus tard, Sándor Márai écrira : « La propagande communiste officielle estimait que le peuple hongrois avait été libéré, et qu'il était donc libre de supporter la terreur communiste. Pour ceux – et ils étaient assez nombreux – qui avaient été persécutés à cause de leurs origines ou de leurs convictions, l'arrivée de l'Armée rouge signifia effectivement

---

1. Sándor Márai, *Mémoires de Hongrie*, Paris, Albin Michel, 2004.

une libération, jusqu'au jour où ils comprirent qu'ils étaient désormais autorisés à devenir les esclaves de l'empire colonial soviétique. Pour d'autres, et ceux-ci représentaient tout de même l'écrasante majorité de la population, les événements survenus en 1945 ne représentaient rien d'une libération. »
György Särközy a choisi. D'abord réfugié à Alattyán, il a pris le chemin de l'exil en même temps que son ami Lajos Tóth Maár. Pal raconte que son père, effrayé par le regard des soldats sous les calots à étoile rouge, a entraîné toute la famille dans le sud de l'Autriche [1]. Ils ont passé, dit-il, plus d'un an près de Klagenfurt, en Carinthie, une enclave paisible au bord d'un lac alpin, bientôt occupée par les Anglais. Ils y ont eu des amis, une vie. Mais György s'y morfond, atteint du mal du pays. Tout lui manque de la Hongrie, l'espace, les violons, les chevaux, les festins de *chachlik*. En 1946, il décide de retourner dans sa patrie, quel qu'en soit le prix. Kotinka et ses fils le suivent, quatre petits bouchons flottant sur les eaux agitées de l'après-guerre.

---

1. Entretien avec l'une des auteurs.

36

Docteur Särközy

En quittant l'Autriche, rappelés par le vent de la plaine, György et les siens cherchent un paradis englouti. Ils ne mesurent pas que la Hongrie se trouve désormais *de l'autre côté*, victime expiatoire des accords de Yalta. Winston Churchill écrit : « Des bords de la Baltique à Trieste, sur l'Adriatique, le rideau de fer descend à travers le continent européen et jette dans les bras de l'Union soviétique toutes les capitales des anciens États d'Europe centrale ou orientale, Varsovie, Berlin, Prague, Budapest, Sofia. » Les Särközy ont perdu leurs amis, définitivement exilés en Autriche, en Allemagne, en Amérique. Quelques-uns, peu nombreux, ont choisi la France : le pays est jugé responsable du traité de Trianon, qui marqua la fin de l'âge d'or de la Hongrie. Les autres rêvent d'espace, de richesse et de paix sur le Nouveau Continent, épargné par la guerre. La légende du comte Paul Estherházy, fondateur d'une colonie hongroise au Canada à la fin du XIXe siècle, agit comme un aimant dans l'imaginaire des candidats au départ. Beaucoup s'arrêteront en route, à Berlin, Paris ou Bruxelles, deviendront chauffeurs de taxi, artistes ou domestiques. En partant, ils ont glissé dans leurs valises des vieilles photos, des devises et des bijoux, ils ont abandonné leurs terres, leurs maisons, leurs « gens ». Pour les millions de réfugiés de l'après-guerre, les souvenirs sont la seule trace du passé. Les Särközy rentrent quand les Hongrois fuient. À Budapest, on a compris que, derrière une parodie d'élections, ce sont bel et bien les communistes qui ont pris le pouvoir. C'en est fini du régime féodal dont Pal a gardé le souvenir. La République a été proclamée, un parti de petits propriétaires a obtenu la majorité à l'Assemblée. Les églises sont dévastées, les domaines morcelés et redistribués. Le servage est aboli, le paysan devient un ouvrier prolétaire.

Lajos Tóth Maár est rentré à Alattyán un an avant György Särközy. Un comité de confiscation des terres l'a accusé d'être un « réactionnaire convaincu ». Le châtelain a dû fournir la preuve qu'il n'avait pas été membre des Croix-Fléchées, les redoutables commandos fascistes de Szálasi[1]. Il est lavé de tous

---

1. Viktoria Müller, historienne, a retrouvé dans les archives de Szolnok le compte rendu suivant : « En mai 1945, le comité de confiscation des terres a proposé de prendre le domaine de Maár Tóth Lajos, en disant que ce dernier s'était enfui en octobre 1944 et n'est revenu qu'en février 1945, et en plus était membre du MEP, réactionnaire convaincu qui a essayé d'empêcher l'utilisation de ses bien immobiliers par le conseil départemental. Maár Tóth Lajos a bien prouvé par documents qu'il n'avait jamais été membre du parti des Croix-Fléchées, ni

soupçons en 1947, mais ses biens seront saisis et
« restitués » au peuple. Le domaine d'Alattyán est
transformé en coopérative agricole, les bâtiments
d'habitation deviennent des remises pour le matériel : complètement délabré, le château est rasé en
1963. Reste aujourd'hui la grille du parc, transformé
en lotissement. Et un châtaignier centenaire, à
l'épreuve du temps. Pal racontera les hivers glacés,
les nobles chassés de leurs terres et contraints de
s'entasser dans des appartements communautaires.
À Alattyán, dira-t-il, leur domaine a été mutilé, abandonné à quelques derniers serviteurs fidèles. On ne
leur aurait laissé qu'une centaine d'hectares pour
subsister [1].

Exil

Györgyi supporte mal cette réalité, après ses
espoirs d'exilé. Il tombe malade. Affaibli, il reste à
Alattyán jusqu'aux derniers jours de la vie du châ-

d'autres partis ou mouvements fascistes ; au contraire, il a des
idées démocratiques et sociales. Le Comité national d'Alattyán
a justifié le bien-fondé de son affirmation. Maár Tóth Lajos
n'est pas un criminel de guerre. »
1. Entretien avec l'une des auteures.

teau, puis revient à Szolnok. Il meurt un soir de 1948, à cinquante et un ans. On l'enterre dans le cimetière de la ville, près de son père, dans le caveau familial [1]. À Alattyán, prétendu berceau des Särközy, aucune tombe ne porte leur nom.

Kotinka n'a jamais travaillé, elle ne s'est jamais souciée des questions matérielles. La disparition de son mari est un drame absolu. Plus d'argent, plus de relations. Et trois fils adultes, mais sans boussole dans cette société si différente de celle où ils sont nés. La Hongrie a retrouvé ses frontières, elle a perdu son âme. Kotinka vend les bijoux qu'elle conservait dans son coffret. L'heure est à la survie. Quelque temps après la mort de György, une nouvelle rumeur fait frissonner le pays tout entier. L'Armée rouge enrôlerait de force, les jeunes appelés seraient envoyés en Sibérie. Pal, de la classe 28, est terrorisé. À Szolnok, tout le monde a entendu parler du goulag et des nombreux opposants – on ne dit pas encore dissidents – qui n'en sont jamais revenus. C'est la panique. Avec la complicité de sa mère et de ses deux frères, le jeune homme décide de repasser à l'Ouest, cette fois pour toujours. Kotinka promet qu'ils se retrouveront à Paris et donne à

---

1. Voir la photographie du cimetière de Szolnok dans le cahier central.

son fils, outre sa bénédiction, la chevalière de son père.

Ultime touche romanesque : il faut justifier la soudaine disparition du jeune homme pour que ceux qui restent ne soient pas inquiétés. On imagine une expédition en barque sur le lac Balaton, et une noyade. Quand Pal sera déclaré disparu par sa famille, il sera déjà à l'abri en Autriche. Ce faux tableau est sans doute lui-même un trompe-l'œil. Le faux acte de décès de Pal Särközy est introuvable[1], à Alattyán comme à Szolnok. Il faudra cependant renouer le fil de la rhapsodie hongroise de Pal Särközy : le lieu des retrouvailles parisiennes avec Kotinka, qui se propose d'ouvrir une maison de haute couture à Paris avec un ami fortuné, est fixé à l'hôtel Pierre-Ier-de-Serbie, dans le XVIe arrondissement.

L'homme perdu

La Vienne que découvre Pal en cet automne 1948 est lugubre. Le monde d'hier, que dessinait Stefan Zweig dans une autobiographie aux dernières heures de sa nostalgie, disparaît sous les ruines. Le long

1. Recherches de Viktoria Müller à Szolnok.

des rues dévastées, des silhouettes pressées évitent les mendiants dans une ambiance de fin du monde. L'ancienne capitale impériale n'est plus qu'un immense décor d'apocalypse, où Orson Welles tourne l'histoire d'un trafiquant de pénicilline frelatée : *Le Troisième Homme*. Défigurée par les bombardements, Vienne est devenue un repaire de filous et de combinards. Le dernier rempart de l'Europe libre ? Plutôt une zone tampon, plaque tournante de tous les trafics avec la complicité tacite de milliers de soldats en uniforme. Les vainqueurs ont divisé la ville en quatre secteurs : britannique, américain, français, et soviétique... Affolé par les Russes, Pal reprend son échappée. Il rejoint le sud de l'Autriche et la Carinthie, où il s'était réfugié avec sa famille quatre ans plus tôt. Là-bas, les forces d'occupation sont britanniques. Mais Pal veut Paris, la France, la liberté. Il rôde au Tyrol où les militaires occupants parlent français. Pendant plusieurs semaines, le jeune garçon erre dans les territoires désolés de l'ancien Reich, sillonnés par des colonnes de réfugiés, semés de bases militaires. De Klagenfurt, il passe à Baden-Baden, en Allemagne, tente de décrocher un visa auprès des autorités d'occupation françaises. Refusé. Quand il arrive à Salzbourg, ses finances sont au plus bas et son moral ne vaut guère mieux. Comme son père trois ans plus tôt, il a le mal du pays, de sa mère, de ses frères, dont il est sans nouvelles. Un soir, Pal Särközy croise le chemin d'un sergent français sanglé dans sa capote à boutons dorés. « Honneur et fidélité », l'homme paye les tournées au comptoir du café en promettant des vies meilleures. Dans les brumes de l'alcool, Pal ne voit que le petit drapeau tricolore épinglé sur la chemise du sergent. Encore quelques bières, et il signe son nom au bas d'un papier blanc. Il a fui l'Armée rouge, le voici légionnaire.

La Légion

Sur le cliché jauni, il regarde droit devant. C'est la bouche qui le trahit, contrite dans une moue enfantine. Pal, vingt ans et l'air d'en avoir quinze, paraît aux abois. Il pose comme un bagnard en partance, matricule tracé à la craie sur une ardoise posée devant lui : *58532 Sarkozy Pal*. Il s'apprête à entrer dans le rang, anonyme parmi des inconnus au passé décomposé. Lui n'a pas changé de nom, contrairement à ceux qui doivent se faire oublier. Il est possible de renaître en devenant légionnaire, de changer de vie, de famille et de repères. C'est une armée coloniale et ouvrière dont le prestige compense l'âpreté : on y use sa jeunesse à paver des routes ou on y meurt en héros, à l'autre bout du monde. L'essentiel est d'adhérer aux rituels, aux codes d'honneur. On sacrifie aux cérémonies – celle de Camerone par exemple, bataille emblématique de la Légion au Mexique au XIXe siècle, qui revient chaque printemps. On désapprend la vie d'avant. On ne parle jamais du passé. Ni du sien ni de celui des autres.

En 1948, jamais la Légion n'a autant mérité son qualificatif d'« étrangère ». C'est un amalgame disparate, composé pour moitié d'anciens Waffen SS. Des brutes, pour la plupart, qui ont connu le front russe du côté des perdants, le repli après le débarquement de Normandie ou les derniers combats dans Berlin. La Légion manque de troupes en Indochine et recrute à tout-va. Ceux qui signent rallieront le Tonkin ou la Cochinchine, provinces françaises du bout du monde que des communistes tentent de reconquérir. Ce communisme que Pal a fui, voilà qu'il va devoir le combattre, désormais. Peut-être au prix de sa vie, sûrement au prix de beaucoup d'autres vies. Pal a signé pour cinq ans. Après quarante-huit heures, il étouffe déjà. Il n'a pas l'étoffe d'un héros.

Quelques-uns, très peu nombreux, ont souscrit par conviction, fiers d'intégrer le corps d'élite de l'armée française. Chez eux, l'éducation perce sous l'uniforme, comme ce Jacques de Bollardière, saint-cyrien qui a pris après la guerre la tête d'un régiment de parachutistes de la Légion en Indochine. Pal Särközy de Nagy Bocsa lui a ressemblé, dans son autre vie. Il devrait dîner au mess des officiers, danser aux bals de la préfecture dans un uniforme immaculé. Mais il ne croise ceux de son milieu que sur les terrains d'entraînement et leur doit obéissance. Son lot, ce sont les chambrées, les tablées. Ses égaux sont des renégats, des voyous corrompus du marché noir, des nazis en perdition. Ils ont le front buté des parias et les manières des malfrats. À la nuit, ivres, ils se cherchent du poing, s'affrontent au couteau. Quand Pal franchit le seuil de la caserne à Marseille, en novembre 1948, il réalise l'énormité de la méprise. Il a froid, il se sent seul. Trop tard.

Sur sa fiche de renseignements, disparus les titres de noblesse, château et trémas de majesté sur les voyelles. Le voici simple Pal Sarkozy, célibataire, fils d'un père décédé et d'une mère ménagère. « Un mètre quatre-vingt-trois, cheveux châtains moyens, yeux marron et front fuyant. Dernier domicile connu, Salzbourg. » La jeune recrue, diplômée en rien, pas même le certificat d'études, fait preuve pourtant d'une instruction convenable, parle correctement le français et l'allemand. Un fonctionnaire résume sa vie sous sa dictée : « Sort de classe en mai 1944. Réfugié politique en Autriche à Saint-Paul avec ses parents. Retourne en Hongrie à Budapest, reprend ses études en juin 1946. Vole les bijoux de sa mère et se rend en Autriche à Felden puis travaille comme garçon de ferme près de Klagenfurt et s'engage à la Légion étrangère. » Drôle d'idée d'avouer qu'on a repris des études, alors qu'il fallait travailler pour subsister. L'état-major ne pousse pas plus loin son enquête. Le fonctionnaire s'est contenté d'ajouter à la main : « Impression : assez bonne », « Passé politique : néant ». Pour quelqu'un qui dit avoir fui le goulag et le communisme, la mention tient de la litote ! Pal passe son épopée sous silence, il ne raconte pas le château réquisitionné ni l'Armée rouge. Il déclare juste, au motif de son engagement, sa volonté de « faire une carrière militaire ». Et trouve les mots qui justifient l'or qu'il porte à l'annulaire : « Il a pris une bague à sa mère pour pouvoir en retirer l'argent nécessaire à sa fuite de Hongrie où il ne trouvait pas de travail », consigne le militaire.

Et si c'était la stricte vérité ? Simple comme la fugue d'un gamin traqué ? Au bas de la page, un chef a ajouté une précision de l'aspirant légionnaire : « Sa mère a quitté la Hongrie peu après lui avec un passeport (elle tient un salon de couture). Elle n'a

pas l'intention de revenir en Hongrie. » Pal donne
une adresse parisienne pour Kotinka : 100, rue
Ordener, Paris XVIIIe. Une rue populaire, à deux
pas du métro Jules-Joffrin. On est loin de l'hôtel
Pierre-Ier-de-Serbie, loin du XVIe chic et du palais
de Chaillot. Au 100, rue Ordener, un grand-oncle
maternel occupe un appartement modeste. La
Légion a besoin d'hommes. L'officier recruteur se
contente de ces explications. En guise de conclu-
sion : « Élément présentant assez bien, semble sin-
cère. » L'Indochine réclame du sang neuf.

La Légion bruisse d'Hô Chi Minh et du Viêt-
minh, des camarades morts au front et de ceux qui
sont en route pour Saigon. Ils partent avec la peur
au ventre, prêts à tout pour ne jamais y arriver. Sur
le canal de Suez, seule étape du voyage où la terre
ferme est en vue, ordre est donné d'enchaîner les
légionnaires dans la cale du bateau pour les empêcher de déserter d'un plongeon. La solde est d'à
peine trois mille francs, quand un kilo de pain en
vaut trente. Pal raconte qu'en un dimanche il flambe
sa première paie. Pal raconte qu'un jour, à court
d'argent, il vend la semelle de ses rangers pour
éblouir une Manon marseillaise. Pal raconte que le
lendemain il se blesse aux talons en sautant en para-
chute. Il aurait appris à défiler à Sidi Bel Abbes,
patrie de la Légion et de Marcel Cerdan, à fixer ses

épaulettes et la jugulaire de son képi. Il saurait même astiquer ses souliers, un exploit pour qui se vante d'avoir grandi entre bonnes et gouvernantes. Pal Sarkozy raconte ainsi maintes aventures, maintes anecdotes. Mais quand donc lui seraient-elles arrivées, lui dont le dossier de la Légion est daté du 28 novembre, et qui a toujours affirmé avoir débarqué à Paris début décembre ? Pal Sarkozy a bien été légionnaire pourtant. Combien de jours ?

Un train pour Paris

Les paquetages sont faits, les couvre-chefs brossés et les cuivres astiqués dans leurs étuis. On vide les derniers bocks sur la Canebière en roulant des biceps sous la toile fine des chemises. Une ultime visite médicale et ce sera le grand saut. Pal passe sous la toise et monte sur la balance, il tousse et dit trois fois « 33 ». Le médecin-chef est hongrois. Il a connu György Sarkozy, le père de Pal, à Budapest ! « Qu'est-ce que tu fais là ? » Pal se confie, pour la première fois depuis des mois. Il raconte les bolcheviques, l'Autriche, et Kotinka qu'il s'est promis de retrouver à Paris. L'homme en blouse blanche l'exhorte à renoncer. « Où aller ? », demande Pal. Partout sauf en Indochine. Devant le médecin, il y a deux piles de formulaires, « apte » et « inapte ». « Je te réforme ! » Le jeune homme accepte avec joie. À l'appel du lendemain, il est en tenue pour le lever des couleurs, chemise blanche, épaulettes rouges. Dans l'aube grise, le sergent égrène les noms des futurs combattants d'Indochine. Sarkozy : pas pris ! En quelques heures, le garçon se retrouve hors de la caserne. Son bagage, c'est un billet de train pour Paris, une miche de pain et un ensemble militaire trop léger pour la saison. Lui dira qu'on lui a « tout pris », jusqu'à ses chaussures. Le soir, le train souffle un panache de vapeur sous la charpente de fer de la gare d'Austerlitz. Paris, enfin ! La légende du Hongrois errant continue place de l'Étoile.

100, rue Ordener

Le lendemain, un 2 décembre, l'horizon s'éclaircit. Dans la queue qui s'étire rue Copernic devant le centre des réfugiés, Pal se sent moins seul. Comme lui, ils sont des dizaines qui attendent pour se mettre en règle ou se procurer les adresses des soupes populaires et des abris de nuit. Certains arrivent au bout du chemin. D'autres vivent une simple étape dans l'errance, long voyage vers le Nouveau Monde commencé en Pologne ou dans les pays Baltes et qui dure depuis des mois. Chacun ressasse dans sa langue la souffrance d'avoir quitté une maison, une famille, un pays natal. Pal sent fourmiller ses vingt ans. Le pire est désormais derrière lui. Paris lui appartient.

Il n'est pas seul au monde. Quelque part dans cette ville, un grand-oncle maternel l'attend, dont il a donné l'adresse à la Légion. Dès qu'il le pourra, il ira sonner chez lui. Ses premiers papiers d'apatride en poche, il rend visite au consul de Hongrie. Encore une relation de la famille, dira Paul, incorrigible mondain. Il a pu aussi bien aller directement au 100, rue Ordener. Le soir même, le jeune homme dîne au chaud. L'oncle ne roule pas sur l'or, mais il a ouvert sans hésiter la porte de sa chambre au neveu de Hongrie. Celui-ci a tant à raconter !

Pal a surtout soif de nouvelles. Son pays, près de se lier à l'URSS par un « traité d'amitié perpétuelle », s'est donné une Constitution stalinienne. On nationalise tout, en Hongrie, le moindre atelier de cordonnier, le plus petit appartement tombent dans l'escarcelle de l'État. Sans transition, le pays est passé du Moyen Âge au collectivisme ouvrier. Une marée de réfugiés s'est répandue dans toute l'Europe, par vagues successives. Kotinka, qui n'a pu obtenir son passeport, est restée de l'autre côté, avec ses fils aînés. Pal Sarkozy a raté des épisodes. Épuisé, il s'endort dès qu'il ferme les paupières. Dans des draps frais, pour la première fois depuis quatre jours. C'en est fini de sa vie d'errance.

Rastignac hongrois

Les Hongrois de Paris se serrent les coudes. Dès qu'un nouvel émigré arrive, il est habillé, nourri, introduit. Pal rencontre vite Racz Laci, un peintre ami de son grand-oncle. Dès qu'il est remis de ses aventures, il se confie, et tous deux se découvrent des affinités. Pal adore la peinture, il a même un bon coup de crayon. Racz lui offre des chaussures, l'une des deux paires qu'il possède[1]. Trop petites : il faut couper les extrémités. Pal se promènera plusieurs mois dans ces nu-pieds improvisés à partir d'élégants souliers de daim bleu marine. Il passe inaperçu dans les rues mal éclairées : trois ans après la guerre, la plupart des Parisiens portent encore des pardessus élimés et des godasses rafistolées.

Mal chaussé mais pressé, Pal décroche son premier emploi parisien. Il est livreur chez M. Orfinger, un Hongrois. Émerveillé, il découvre le Paris des artisans du côté de la Bastille, là où les ateliers enva-

1. Entretien avec l'une des auteures, décembre 2005.

hissent les cours d'immeubles : menuiserie, confection, mécanique. Son patron est vernisseur de pellicule. Le travail consiste à transporter de lourdes bobines de trente-cinq millimètres d'un bout à l'autre de la capitale. Très vite, le coursier s'ennuie. Il trouve qu'on attend tout le temps, en profite pour flirter. Vite devenu ami avec la sœur d'un architecte qui cherche une petite main pour « gratter » des plans, il abandonne les livraisons, leur préfère l'encre de Chine et le papier-calque. La vie devient plus facile. Il esquisse de fragiles miniatures classiques, portraits enchâssés dans des cadres ovales, répliques des petits tableaux accrochés dans tous les salons bourgeois. Peu à peu, il trouve ses marques. Il a du charme, du bagou, et un culot qui fait merveille. Les portes s'ouvrent les unes après les autres devant lui. Il se prend à rêver d'un destin de millionnaire, de conquêtes et de succès. Il veut beaucoup d'argent, des femmes, du champagne et des cigarettes. Il se le dit, sa vie sera tout sauf banale.

2

ANDRÉE MALLAH

Corrèze, 1944

Andrée regarde sa montre toutes les cinq minutes.
Dans moins de deux heures, elle doit passer le bacho
à Tulle, et ce train est un vrai tortillard. Mais elle n'a
pas eu le choix – en Corrèze, les voies ferrées ont
été sabotées et les dernières voitures réquisitionnées.
Pour rejoindre la sous-préfecture, il ne reste que le
Tacot : trente kilomètres à l'heure dans les descen-
tes. Dans un panache de vapeur, il traîne des gens,
des bêtes et un fouillis de marchandises entassées au
fond des derniers wagons, ballots de foin ou billes de
bois. Marcillac-la-Croisille, Clergoux, Saint-Bonnet-
Avalouze. Il suffit qu'un paysan en sabots, chapeau

et veste noire lève la main pour que la locomotive s'immobilise en gémissant sur le bord d'un champ ou au milieu d'un village. Andrée sort la tête par la fenêtre, plonge dans le nuage blanc et tiède. Elle a l'esprit ailleurs. Il y a trois jours, les Alliés ont débarqué en Normandie : si tout va bien, d'ici moins d'un mois elle rentrera à Paris. Ce vendredi est un matin à promesses, après tant d'autres si froids. Les gens ont presque l'air joyeux. Au bord de la voie, un groupe d'hommes fait de grands signes. La vieille locomotive Piguet grince, souffle et s'arrête. Un jeune type en casquette grimpe dans le wagon des voyageurs. Il a l'air très excité.

« Descendez ! Sauvez-vous ! Les boches vont tuer tout le monde ! »

Aussitôt, c'est la cohue. « SS », « division Das Reich », « otages ». Les mots volent dans le compartiment comme des oiseaux affolés. Tout de suite, Andrée se tourne vers Suzanne. De huit ans son aînée, cette sœur si sérieuse, qui a dû renoncer à son doctorat de droit à cause de la guerre, s'est levée à l'aube pour la chaperonner. Ordre de leur père, le sévère docteur Mallah. Suzanne fait signe à Andrée de rester assise et tend l'oreille. L'homme, un maquisard dont la voix roule comme un torrent, raconte que des FTP ont voulu libérer Tulle. Ils ont attaqué la garnison allemande dans la caserne. Hier, ils avaient presque gagné. Mais l'état-major allemand a donné l'ordre à la division Das Reich, en route vers les plages normandes, de se détourner vers Tulle. Ils sont arrivés ce matin et réclament trois mille otages. Si le préfet refuse, ce sera un carnage.

Cette fois, le Tacot n'ira pas plus loin. Après quelques dizaines de minutes, à vide, il repart en sens inverse vers les villages aux toits de lauzes, ces pierres plates et grises qui écrasent les paysages. « Das Reich ! » Le cri résonne dans la poussière. Depuis trois mois, la division, colonne de près de vingt mille SS, rôde dans la région pour tenter de liquider le maquis. Les passagers sont descendus sur la voie, résignés à terminer le chemin à pied. Quinze kilomètres sous le soleil de juin pour les deux sœurs Mallah, trois heures avant qu'elles atteignent enfin le quai minuscule de Marcillac. Avec leurs cheveux ondulés, la jupe sous le genou, les chaussettes roulées sur les chevilles et les jambes comme des allumettes plantées dans les socques de bois, elles ressemblent à ces Parisiennes dessinées dans *Le Petit Écho de la mode*. Pour passer l'épreuve, Andrée a choisi son plus bel ensemble, coupé pour elle par le tailleur de la caserne de Tulle dans un morceau d'étoffe arraché aux restrictions. Elle y tient plus que tout.

Elle marche jusqu'à la ferme de ses parents, une bâtisse basse tout en longueur. À dix-sept ans, elle rêve de surprises-parties, de fox-trot, de magasins illuminés, et de fiancés en pantalon de golf. Elle veut devenir avocate, s'imagine en jabot et robe noire, plaidant dans un grand procès. Avant guerre, l'affaire Violette Nozière, empoisonneuse parricide condamnée à mort puis graciée deux mois plus tard, a enflammé la France et son imagination d'enfant. Elle sera de Moro Giafferri, ténor du barreau parisien depuis qu'il a défendu Landru. Andrée s'imagine déjà, étudiante attentive dans un vieil amphi, bras dessus, bras dessous et chuchotis avec ses amies dans les rues de Paris. La division Das Reich, les Allemands, contrarient ses projets. Elle a beau adorer la nature et les animaux, quatre hivers à Marcillac-la-Croisille, c'est long. Quatre ans qu'elle n'a pas mis les pieds sur des patins à glace ni sur un court de tennis. Une éternité ! La guerre ne l'intéresse pas. À peine sait-elle pourquoi la famille entière se cache là, dans cette austère ferme vieille de deux cents ans qui appartient à ses grands-parents maternels.

Drôle de guerre

Dans la famille Mallah, on ne pose pas de questions. En septembre 1939, le père, Benedict, portait fièrement son uniforme et posait pour la postérité, képi d'officier, bottes et pantalon de cheval. Pour la photo, il a lissé sa fine moustache noire. La guerre est déclarée. On a rappelé les réservistes et les volontaires, dans chaque maison on a ressorti bandes molletières et vieux livrets militaires. À Paris, Benedict a embrassé sa femme Adèle, ses deux filles Suzanne et Andrée, et il est parti au front comme médecin. Avec ses compagnons, ils ont attendu des mois derrière une ligne Maginot où rien ne se passait. Une drôle de guerre, écrit Roland Dorgelès dans *Gringoire*, le journal d'extrême droite que ne lisent pas les Mallah. Benedict n'a pas été absent longtemps.

Démobilisé au printemps, le docteur Mallah s'est assombri. Il semblait avoir perdu sa foi patriotique. Début juin 1940, toute la famille est partie vers le sud, devançant l'exode. On s'est arrêté dans l'Allier, on a dormi quelques nuits chez des amis, et on a fait demi-tour. Quand les Allemands ont occupé Paris, le gouvernement s'est enfui à Bordeaux pour finir à Vichy. Trois mois plus tard, revenue en classe, Andrée chantait la rengaine du maréchal, « Sauvez, sauvez la France au nom du Sacré-Cœur ». La France avait changé, et cela ne semblait pas rassurer le docteur Mallah. Bientôt, il décide de passer la ligne de démarcation. À sa femme, à ses filles et à sa mère malade, dont on se demande chaque jour si ce n'est pas son dernier, il dit : « On sera mieux à la campagne. » Andrée le croit. Sa santé n'est pas excellente, elle est souvent malade, souvent absente à l'école, le bon air lui est recommandé. L'idée de passer quelques mois au grand air l'enchante. Pour passer en zone libre et rejoindre la ferme, c'est l'aventure. Et ensuite, c'est grandes vacances toute l'année. Andrée suit les cours catholiques par correspondance, se fait aider en mathématiques par un professeur de Tulle qu'elle va voir en tortillard. Sa sortie de la semaine, dans la petite ville ralentie par la guerre qui ne s'anime que les jours de marché. La vie campagnarde lui réussit ; depuis qu'ils habitent Marcillac, elle a même repris quelques grammes. En secret, elle brûle d'assister aux soirées dansantes qui se donnent après le couvre-feu, derrière les façades de granit de la sous-préfecture. Interdit par le docteur Mallah, et par cette sœur avec qui elle se dispute souvent malgré leurs sept années de différence.

Andrée travaille ses cours, s'occupe des animaux. Chaque semaine, elle envoie ses devoirs à Paris, ils lui reviennent par la poste, annotés et corrigés. Maintenant, elle sait reconnaître l'écriture de ses professeurs invisibles. Celui de français, un écrivain a-t-elle appris, l'impressionne beaucoup. L'an dernier à la même époque, elle décrochait son premier bacho philo. Quand pourra-t-elle passer le second ?

Les Allemands vont-ils vraiment fusiller tout le monde ? À la maison, ses parents tentent de la rassurer. Mais dans le regard de son père, Andrée lit surtout de l'inquiétude.

Dans la soirée, les informations se précisent. La veille, une quarantaine de soldats allemands ont été tués par les maquisards. La division Das Reich, arrivée à Tulle dans la nuit, a raflé dès l'aube près de sept cents personnes. Les SS ont enfermé les otages dans la cour de la manufacture. Ils ont menacé de fusiller tous les hommes du département : trois Français pour un Allemand, c'est le prix fixé par le général Lammerding. Le préfet s'est battu, tant qu'il a pu. Et puis les représailles ont commencé – quatre-vingt-dix-neuf hommes, dont plusieurs adolescents, pendus en pleine ville. Quand le soir tombe sur Tulle, des ombres noires oscillent sous les balcons, les arbres et les réverbères.

Les SS, Andrée en a vu. Un jour, plus d'une dizaine d'entre eux, dans leurs uniformes à croix gammées, ont sauté le mur de la ferme et se sont mis à fouiller toute la maison, avec une brutalité qui lui a serré la gorge. « Tous les hommes à la Gestapo ce soir ! », hurlaient-ils. La famille s'est cachée dans les bois une nuit entière, Andrée transie dans son beau tailleur qu'elle craignait d'abîmer. La guerre s'est manifestée ainsi, à Marcillac, par intermittence. Une autre fois, un résistant blessé a fait irruption dans la cuisine pour être soigné. Souvent, la nuit, des coups de feu, des explosions claquent dans le lointain. « Les maquisards... », murmure Andrée en se rendormant. Elle a un faible pour le jeune chef du réseau du village, « Jo les chaussettes vertes ». Un beau gars de vingt-cinq ans, un peu imprudent, un peu voyou, qui lui promène son couteau sous le nez.

« Tu vois les encoches sur le manche ? C'est tous les hommes que j'ai tués. »

Andrée n'a pas peur. Elle est jeune, avide de vivre. Le reste ne l'intéresse pas... D'ailleurs, Benedict Mallah le répète assez : « Je ne risque rien, je m'en fiche. » Benedict Mallah pourtant risque sa vie. Il le sait : il est juif. À Paris, dans toute la France, les Juifs sont raflés, arrêtés, parqués, entassés dans des wagons à bestiaux. À Marcillac, en 1944, l'univers concentrationnaire n'existe pas. Benedict et Adèle cachent à leurs filles ce qui pourrait ternir leurs derniers instants d'insouciance.

Une famille juive française

Ce sont Hitler, Pétain et les lois de Vichy qui ont rappelé à Benedict Mallah qu'il était juif. Converti depuis plus de vingt ans, il porte comme un souvenir lointain ses origines, sa « race », comme on dit dans les commissariats et les préfectures de la France occupée. Dès l'été 1940, la vie est devenue impossible à Paris. Interdiction de posséder une radio et un téléphone. Interdiction de se rendre dans un théâtre et de sortir de chez soi entre vingt heures et six heures du matin. Obligation de faire ses courses l'après-midi de quinze à seize heures, d'occuper des places spéciales dans les transports publics. Il ne peut même plus exercer correctement son métier, des quotas drastiques ont été institués pour les professions libérales. Quand les Allemands sont entrés dans Paris, Benedict Mallah ne s'est fait aucune illusion. Le sort des Israélites français allait ressembler à celui des Juifs allemands. Le gouvernement de Vichy, avec son Parlement de chambres d'hôtels, n'a pas tardé à rajouter des brimades aux restrictions, au nom d'un antisémitisme officiel qui encourage la délation.

Le docteur, si fier d'être français, a dû se résoudre à l'esquive. Il a quitté Paris, fermement décidé à ne pas porter l'étoile jaune. Ce bout de tissu que les lois antijuives imposent à des familles entières, il n'est pas question qu'il l'arbore. Le courage, c'est fuir les humiliations, le couvre-feu, la hantise qu'un matin des policiers français les arracheront à leur sommeil et les abandonneront dans un vélodrome bondé qui pue l'urine et la sueur. À Drancy, cité sociale qui faisait la fierté des architectes avant guerre, le pouvoir se prépare à installer un camp entre les bâtiments en construction des premières HLM. Des trains partent pleins et reviennent vides, encore et encore. Mieux vaut se cacher à la campagne. Même si la France entière est devenue un piège pour les Juifs. Aux frontières du sud, ils sont des milliers à vouloir se réfugier au Portugal, puis au Maroc. Le docteur Mallah a choisi le Limousin. Sa famille, au regard des lois de Vichy, ne risque rien pour l'instant. Et lui, ici, est plus en sécurité qu'à Paris.

À Marcillac, il dépanne bénévolement le médecin de campagne. Il lui arrive d'être appelé dans le maquis en pleine nuit, pour soigner des résistants. Il lit beaucoup, s'occupe de ses timbres. Les albums de ce philatéliste passionné débordent de coqs, de Marianne et de bannières tricolores : Algérie française, Afrique-Équatoriale française, Madagascar, Indochine, Nouvelle-Calédonie... Il n'aime guère les voyages pourtant. Sa vision du bonheur, c'est Paris avant Vichy et les vacances en Corrèze, la « douce France » que célèbre Charles Trenet au cœur des années noires, en 1943.

Salonique en mémoire

La quarantaine largement entamée, Benedict Mallah est un homme réservé, sérieux, économe de son argent et de sa parole. Il sait faire preuve d'humour et montre une grande culture. Ni lui ni sa mère, veuve depuis plus de vingt ans, n'évoquent jamais le passé. Sa seule famille, ce sont les quatre femmes entraînées avec lui dans la fuite. Il a coupé tout lien avec la communauté juive. Andrée et sa sœur connaissent vaguement les lointaines origines espagnoles de leur famille paternelle. Rien de plus. Les Mallah, juifs séfarades, ont longtemps vécu à Salonique, sur la mer Égée. Au début du siècle, près de quatre-vingt mille Juifs y parlaient une langue particulière, le judéo-espagnol, l'italien et le français. Lorsque la Grèce a annexé la ville, en 1912, le temps des persécutions et des pogroms est arrivé. La plupart des Saloniciens ont émigré en Europe de l'Ouest ou en Amérique. Les Mallah, commerçants, se sont-ils exilés à cette époque ? Ou plus tard, en 1917, après l'incendie qui a ravagé les vieux quartiers de Salonique ? Les filles de Benedict, et sans doute aussi son épouse, l'ignorent. Elles croient savoir que le grand-père, le père de Benedict, est mort jeune. Et qu'il admirait la France malgré l'affaire Dreyfus. Il était riche, suffisamment pour envoyer son fils aîné réussir à Paris. Les cadets, quatre frères et deux sœurs, les ont rejoints plus tard. L'un est devenu dentiste, un autre est parti faire des affaires en Argentine. Réfugiée à Marcillac avec son fils et ses deux petites-filles, la mère de Benedict parle souvent de Raphaël, un oncle gazé dans les tranchées de la Grande Guerre, mort quelques années plus tard. Au cœur du nouveau conflit, qui menace la deuxième génération, la vieille dame s'inquiète pour l'une de ses filles restée à Salonique. Elle a disparu soudainement quelques mois plus tôt, avec son mari et son fils.

À douze ans, Benedict est pensionnaire au lycée Lakanal à Sceaux, dans la région parisienne. Il fait sa médecine en s'occupant de ses frères, qui l'ont rejoint juste avant que débute le premier conflit mondial. Soutien de famille, il échappe de justesse à la mobilisation. En 1918, il rencontre à Lyon une jeune veuve de guerre, inconsolable depuis la mort d'un petit enfant. Benedict se convertit, un prêtre catholique bénit leur mariage. Adèle, fille d'un grainetier en gros de Lyon, a appris le dévouement qui sied à une jeune femme de bonne famille. Elle déteste son prénom, ne souhaite pas travailler et s'en remet docilement à son mari pour les décisions importantes. Ils ne se disputent jamais, c'est une question de convenances.

Suzanne naît, surnommée Loulou, puis vient Andrée, surnommée Dadu. C'est elle qui a trouvé ce nom, à un an : « Dadu », répétait-elle en montrant son petit cheval en caoutchouc. Deux ans avant la guerre, la famille quitte le IXe arrondissement de Paris pour le XVIIe, plus chic. Le docteur Mallah visse sa plaque rue Fortuny, à deux pas du parc Monceau. Une belle maison en brique rouge et pierre blanche, presque un hôtel particulier, avec un jardin et deux étages. Le cabinet au rez-de-chaussée et les appartements à l'étage, comme en province. Le couple adore recevoir. Les salons de réception s'y prêtent et Adèle a du personnel.

Vénérologue et chirurgien urologue, Benedict Mallah opère dans une clinique privée près des Invalides, rue Oudinot, chez les frères Saint-Jean-de-Dieu. Le supérieur s'appelle le père Noël, il y a un parc avec une basse-cour ; Andrée le supplie de l'accompagner pendant les visites, fière de son père docteur que les femmes regardent avec intérêt, ravie de jouer avec les animaux. Avec sa sœur, elles portent la même robe noire à col blanc et un béret qui change de couleur selon les classes depuis le cours préparatoire. Suzanne et Andrée fréquentent le cours Dupanloup, l'institution de jeunes filles huppée de Boulogne, à deux pas du bois. Les religieuses qui y enseignent se distinguent par leurs longs voiles blancs, celles du réfectoire, les sœurs converses, se contentent de toutes petites cornettes. On y étudie la couture, le catéchisme et la bonne éducation, à défaut d'une solide instruction. L'événement de l'année est la vente de charité, précédée d'une messe. Les cinq cents jeunes filles y participent. Mlle Andrée est une élève studieuse, toujours dans les premières de la classe, malgré une petite santé qui l'oblige souvent à garder le lit. Au cours Dupanloup, elle retrouve Violette et Fabienne, ses meilleures amies, des demoiselles tout à fait comme il faut. Des trois, c'est Dadu la vedette. Toujours prête à faire le clown.

La famille est abonnée au *Figaro*. En épousant Adèle, Benedict Mallah est devenu français et catholique, membre éminent de la bonne société. Il a tiré le rideau sur son passé, comme tant d'immigrés de l'entre-deux-guerres que les Français d'origine appellent désormais des « métèques ». Réfugié à Marcillac, le docteur Mallah apprend que les Allemands ont réquisitionné la maison. La famille y a tout abandonné, quittant la rue Fortuny avec quelques valises. Il se demande ce qu'est devenu son cabinet. Et les livres ? L'été 1940, en pleine débâcle, Andrée a passé des heures tranquilles à dévorer les romans interdits enfermés dans l'armoire de son père. Il n'a pas eu le cœur de l'en empêcher.

Paris libéré

Décembre 1944. En six mois, tout ce qu'espérait Andrée s'est réalisé. La famille est rentrée à Paris. La guerre se termine, après une dernière offensive allemande qui a fait trembler la France. La division Das Reich a été anéantie par les Alliés en Normandie. Le lendemain des « pendus de Tulle », elle a poursuivi son périple sanglant, s'est arrêtée à Oradour-sur-Glane : six cent quarante-deux villageois tués, dont deux cent sept enfants, brûlés dans l'église du village... Plus tard, Andrée en a frémi – et si son train avait croisé la colonne nazie, le jour de son bacho ? En raison des événements, l'académie de la Corrèze lui a accordé une dérogation. Elle a passé son second bac avec succès à Paris, lors de la session d'automne.

Fin août-début septembre, la famille Mallah a quitté Marcillac sans la grand-mère, enterrée en Corrèze. Ils ont eu le temps de voir les FTP triomphants sortir du maquis, ils ont su que des femmes tondues, accusées d'avoir couché avec l'ennemi, étaient exhibées dans les rues. L'épuration a été violente dans le Limousin. Les Mallah, pressés de retrouver Paris libéré, se sont entassés dans un gazogène, un camion avec une chaudière sur le toit où l'on enfourne du bois, en compagnie d'autres passagers et de quantité de bagages. Benedict Mallah était tendu, silencieux, inquiet à l'idée de ce qu'ils allaient retrouver au bout de ce voyage harassant. Il espérait des nouvelles de son frère prisonnier en Allemagne, ainsi que de sa sœur, toujours disparue en Grèce. On apprendra qu'elle a été déportée, comme 95 % de la communauté de Salonique. La ville a été décimée par Aloïs Brunner, à la tête des commandos nazis de Salonique. Il a envoyé quarante-huit mille Juifs à Auschwitz. Les trois quarts ne sont jamais revenus.

À Paris, la rue Fortuny est intacte. Toujours huit plaques de médecins sur quarante-huit numéros. Qui a fredonné « Maréchal nous voilà » avec André Dassary, le ténor basque ? Qui est allé acclamer les libérateurs en agitant de petits drapeaux tricolores ? Les uns, les autres, les mêmes peut-être. Les règlements de comptes de l'immédiat après-guerre ont épargné cette rue calme de l'Ouest parisien. Pour la plupart des voisins, la vie a continué, ces quatre dernières années, dans la monotonie des couvre-feux, des alertes et des restrictions alimentaires. Au 46, la maison du docteur Mallah a été occupée, réquisitionnée pour loger des officiers allemands. Ils ont décampé fin août. Quand la famille arrive, le rez-de-chaussée est en ruine, vidé de tous ses meubles. Au milieu du salon dévasté trône un gigantesque bouquet de fleurs, le cadeau de bienvenue des patients du docteur Mallah. À l'étage, toutes les chambres sont verrouillées, sur chaque porte pend un carton avec une pastille de cire rouge. *Propriété allemande,* affichent les scellés. Les Mallah trouvent refuge chez des voisins, où ils passent quelques jours avant d'emménager. La plupart de leurs biens sont toujours à l'étage, empaquetés et étiquetés par quelque aide de camp méticuleux. Tout rentre vite dans l'ordre, le cabinet au rez-de-chaussée, les appartements dans les étages. Dès le mois d'octobre, Benedict a retrouvé sa clientèle et ses scalpels à la clinique des Invalides. Andrée est bachelière, Suzanne passe son doctorat de droit, et Adèle reprend en main son personnel de maison.

Andrée n'a qu'un regret : elle a manqué les fêtes de la Libération. Applaudir le général de Gaulle au balcon de l'Hôtel de Ville, tomber dans les bras des gars de la 2e DB, embrasser les beaux Américains à bouche que veux-tu, comme elle a vu faire aux actualités nationales du cinéma de quartier – ça lui aurait bien plu. Bientôt, l'oncle prisonnier rentre d'Allemagne. La famille Mallah téléphone d'un continent à l'autre. Le jeune frère exilé en Argentine pleure dans l'écouteur. « Tu sais combien coûte chacune de tes larmes ? », répond Benedict Mallah à l'autre bout du fil. Tout ce qui ressemble à la manifestation d'une émotion le fige dans un humour à l'emporte-pièce. Andrée a retrouvé son amie du cours Dupanloup, Violette, qui parle déjà de se marier. Fabienne, sa voisine de la rue Fortuny, a perdu sa mère juste avant la guerre. Pendant quatre ans, elle a dû s'occuper de ses frères et sœurs, les nourrir, les habiller avec les seuls tickets de rationnement, son père refusant le marché noir. Les trois amies n'ont pas vécu la même guerre. En comparaison, celle de Dadu est passée comme un rêve. Après le Débarquement, Violette s'est engagée comme infirmière. Elle ira jusqu'à Dachau, mais n'aura jamais le courage de raconter ce qu'elle y a vu. Surtout à Andrée, dont elle a compris les raisons de la longue absence. Elles se mettent au be-bop. Elles le dansent en faisant voler leurs jupes dans les sages surprises-parties qu'on donne dans l'Ouest parisien. Il faut qu'elles « profitent » avant de « rentrer dans le rang », c'est le lot des jeunes filles de leur milieu. À la rentrée universitaire, Andrée s'inscrit en licence de droit. Se marier, peut-être. Mais elle veut, et son père l'y pousse, terminer d'abord des études. Au bout de quelques mois, la famille Mallah a tourné la page de la guerre. Rue Fortuny, parfois, on raconte les beaux étés à Marcillac-la-Croisille, quelques anecdotes héroïques du maquis. Et comme tout le monde, les tickets de rationnement, l'hiver 45 si long, sans chauffage dans la grande maison humide. Cette année-là, Édith Piaf chante *La Vie en rose*, et chacun veut y croire.

3

PAUL ET ANDRÉE

Coup de foudre rue Fortuny

Hiver 1949. Oublié, l'aventurier immigré, le passant loqueteux de la place de l'Étoile. Il n'a pas fallu un an à Pal Sarkozy de Nagy Bocsa pour se faufiler dans la bonne société. Il a toujours aimé les femmes, et elles le lui rendent bien. Il est jeune, il est mince, il est grand : avec sa silhouette à la Louis Jourdan, le *french lover* qui fait chavirer Hollywood, il joue de ses yeux clairs et de son accent hongrois. Il roule les *r,* traîne sur les syllabes, murmure « Chérrrie » aux oreilles des belles alanguies qui lui sourient. Mais il a de d'ambition, et se cherche un avenir. Il se rapproche des riches Hongrois de Paris, petite minorité rescapée du communisme ; les plus fortunés ont fui en Suisse ou en Autriche, les plus téméraires aux États-Unis. Les quelques familles de la noblesse réfugiées avec bijoux et fourrures dans les hôtels particuliers du XVIe arrondissement ouvrent sans façon leurs portes à ce garçon de vingt ans, qui sait rester silencieux sur son passé récent. Après tout, n'est-il pas, comme eux, victime des bolcheviques ? Pal se fond dans ce monde précieux, soudé par l'exil, qui flotte entre langueur nostalgique et urgence de survivre. Il a relégué la Légion et le dortoir de Marseille dans un repli secret de sa mémoire.

À Paris, il peut briller, séduire, flamber. Avec son premier salaire, il s'offre un costume et un trench, qu'il porte façon Bogart. Il est pauvre, un peu maigre et ses chaussures ont connu des jours meilleurs. Mais ses manières raffinées, la chevalière qui brille à son petit doigt et ses talents de don Juan dénotent un excellent pedigree. Pal danse, Pal dessine, Pal charme toutes les femmes qui passent à sa portée, les princesses et leurs bonnes. Il se prédit une carrière artistique, peintre ou professeur de dessin, expose déjà des miniatures délicates dans une galerie parisienne. C'est un convive charmant, un parti intéressant pour de jeunes Hongroises difficiles à caser en ces temps de pénurie. Il s'est trouvé une spécialité, le portrait mondain. Il croque ses modèles en quelques minutes, la main alerte et la cigarette aux lèvres. Souvent, il les séduit dans la foulée, mais ça ne paye pas un loyer. Il reste nomade, trouve gîte et couvert au gré des hospitalités.

Par la filière hongroise, il a renoué avec un ami d'enfance, le seul immigré de Paris qu'il ait connu à Budapest. Sous le nom de Paul Mathias, Mathias Polakovicz signe des articles dans *Paris Match*, qui vient de fêter son premier anniversaire. Les manchettes sensationnelles, la mort de Marcel Cerdan en plein vol, les amours d'Yves Montand et de Simone Signoret, ou encore la première photo du petit Charles, l'héritier du trône d'Angleterre, ne font pas encore la fortune de l'hebdomadaire. La France, asphyxiée par la disette et l'hystérie politique permanente de la IVᵉ République, a la tête ailleurs. Un seul événement passionne des lecteurs trop pressés et sauve *Paris Match* de la faillite : l'ascension de l'Annapurna par Maurice Herzog et Louis Lachenal. Le drapeau français sur le toit du monde, voilà qui réveille la fierté nationale ! Les avocats de Pétain viennent de demander la révision de son procès. Les années d'humiliation n'en finissent pas de s'éteindre, le pays est en quête de hauteur.

Paul Mathias n'était pas sur un flanc de l'Himalaya, mais en reportage en Autriche. À l'ambassade de France à Vienne, il a croisé une amie, Geneviève de Moran, à qui il a parlé du Hongrois dans la dèche. Justement, Geneviève connaît quelqu'un à Paris, une juriste, qui lui trouvera peut-être un boulot de professeur dans une institution privée. « Qu'il aille 46, rue Fortuny. Et qu'il demande Suzanne. » Quelques jours plus tard, en juillet, Pal Sarkozy est à la porte du docteur Mallah. Il cogne contre le bois le lourd marteau de bronze et sa proue sculptée. Taille fine et jupe en corolle, la silhouette new-look en vogue depuis trois ans, c'est Andrée qui vient ouvrir.

Elle s'imagine, fillette

Elle est jolie, plutôt petite et très mince, avec des sourcils en chapeau de gendarme. Plus Danielle Darrieux que Simone de Beauvoir, la dame du Flore. Sage mais pas timide, volubile, elle joue d'une pointe d'accent parisien et du charme de sa naïveté. Andrée partage le dernier étage de la maison avec sa sœur, Suzanne, qui a fini son droit après avoir passé la fin de la guerre comme infirmière. L'aînée est aussi vertueuse que la cadette est enjouée. Andrée profite du vent de liberté qui souffle sur les femmes, à qui le général de Gaulle a enfin donné le droit de vote. Mais le corset, abandonné au musée des baleines, maintient toujours les mœurs. Dans la famille Mallah comme dans beaucoup d'autres, l'Église catholique continue de régenter morale et vie privée, surtout celles des femmes. L'après-guerre, pourtant, fait tanguer les jeunes filles. Des Juliette Gréco, cheveux dénoués, corsaire et ballerines plates, dansent au Tabou ou au Bœuf sur le toit, à Saint-Germain-des-Prés. La fille du médecin gaulliste, lecteur de *L'Aurore*, n'affectionne pas les caves enfumées. Avec ses tailleurs et ses mises en plis, Andrée fréquente plutôt les rallyes de son milieu, où de jeunes gens raisonnables s'essayent au baisemain avec d'hypothétiques futures belles-mères, et invitent à swinguer en complet-cravate. Elle organise des soirées rue Fortuny. Pal s'y glisse comme un caméléon.

À la faculté de droit de la rue Saint-Jacques, dans le Quartier latin, Andrée a trouvé une bande de copains pour « faire la java ». Il y a une vie après la Corrèze ! Elle a le béguin pour un garçon, son voisin dans l'amphithéâtre, qui joue les indifférents avec une grossièreté blasée : « Donne-moi ton numéro de téléphone, ça peut servir en cas de disette. » Wagram 51-51. Ce n'est pas le 22 à Asnières ; le téléphone trahit parfois l'origine sociale des abonnés. Dadu est une jeune fille rangée. Les études ? Elle est arrivée en troisième année, sans se tuer à la tâche. Elle veut devenir avocate. L'idée fait sourire son prétendant hongrois. Une femme ? Travailler ? Dans sa famille, assure-t-il, les femmes sont servies, choyées, admirées. Leur tâche consiste à être belles, à donner de somptueuses réceptions et à faire de jolis enfants. Il raconte le château, les domestiques, les musiciens. Quand il parle de sa famille retenue dans une Hongrie devenue République populaire, Andrée admire, elle compatit. Kotinka et ses fils sont persécutés, spoliés. La mère est réduite à des extras dans les cafés pour s'en sortir. En France, on peine à y croire. Les échos qui arrivent de l'Est sont violemment démentis par les intellectuels parisiens, et surtout ceux de la revue *Les Temps modernes* que dirige Jean-Paul Sartre. L'époque est aux lendemains qui n'en finissent pas de chanter dans les paradis socialistes. Pourtant, les purges ont commencé à Budapest. Presque aussi terribles que celles de Moscou dans les années trente. Un premier procès stalinien a eu lieu en septembre : László Rajk, ministre des Affaires étrangères, apparatchik sans taches, a été arrêté pour traîtrise. Son meilleur ami l'a trahi, on l'a accusé d'œuvrer pour le maréchal Tito, qui refuse d'aligner la Yougoslavie sur Moscou. Rajk a été torturé, ses « aveux spontanés » l'ont conduit au peloton d'exécution. Depuis, Washington a durci le ton à l'égard des Soviétiques et les chancelleries s'affolent.

La guerre froide a commencé. Le journal *Le*

Monde en fait sa manchette un jour sur trois. Pal Sarkozy de Nagy Bocsa vit sur une autre planète, la politique ne l'intéresse pas et la nostalgie n'est pas son genre. Il est trop occupé à conquérir Paris pour lire des journaux imprimés sur le mauvais papier d'après-guerre.

L'ascension

Pal fait le siège de la rue Fortuny. Il séduit les femmes de la maison, Suzanne, pieuse et si sage, et l'élégante Adèle. Il lui fait une cour presque aussi assidue qu'à sa fille. Bientôt, il est invité aux soirées organisées dans le cabinet du docteur Mallah, tous les meubles poussés contre les murs. Il emmène Andrée à la piscine Deligny, le Deauville flottant amarré à deux pas de la place de la Concorde. La jeunesse des beaux quartiers offre au soleil ses corps soignés. Quelques filles décolorées à la Martine Carol osent le Bikini, malgré l'anathème lancé par Mme Thorez. « Cette mode bourgeoise humilie la classe ouvrière », s'indigne l'épouse du secrétaire général du Parti communiste. Elle a fait le compte : le prix de ces quelques centimètres carrés de tissu équivaut au tiers du salaire d'une dactylographe. Loin de ces considérations matérielles, Pal et Andrée profitent

d'une vie facile. Ils vont beaucoup au cinéma.
Robert Bresson a adapté le *Journal d'un curé de
campagne* de Georges Bernanos. Joseph L. Mankie-
wicz vient de remporter un oscar à Hollywood avec
son film *Chaînes conjugales*, une satire virulente du
mariage. Le couple flirte aux terrasses des cafés,
frissonne en écoutant Piaf pleurer son déchirant
Hymne à l'amour. Pal chuchote à Andrée qu'elle est
la plus belle femme du monde, et jure que dans
six mois ils seront mariés. Andrée éclate de rire,
incrédule. À vingt-trois ans, elle a bien le temps de
songer à s'installer.

Ses amies trouvent ce garçon très beau, presque
trop, et aussi très fauché. Jeunes bourgeoises que
leurs familles ont unies aux meilleurs partis, elles
soupçonnent Pal d'être un « cavaleur ». Bonne
camarade, Violette, qui vient juste de convoler, se
laisse croquer au fusain par le prétendant d'Andrée,
pas convaincue par le résultat, mais ravie de faire
plaisir à son amie. Toute sa famille paraît sous le
charme, même si le docteur Mallah s'interroge en
silence sur ce Hongrois aux semelles percées, sans
situation ni diplômes. Pour l'avoir emprunté, Benedict Mallah connaît le dur chemin de l'intégration et
s'inquiète pour sa fille. Au moins, ce Pal est réaliste,
se rassure le médecin. « Je n'ai pas le talent d'un
grand peintre, a-t-il confié à Andrée, je ferai autre

chose. » László Fircsa, encore un Hongrois de la diaspora, lui propose un salaire dans son atelier de dessin publicitaire de la villa des Ternes. Pal découvre la publicité, qui est en train de tuer les réclames d'avant-guerre. Raymond Savignac révolutionne le genre avec ses « gags visuels ». Sa vache « Monsavon au lait », le pis planté dans un pain de savon, fait un tabac. Pal adore ce monde futile et clinquant, où l'argent coule en abondance. Ce métier de saltimbanque doré lui semble fait sur mesure. Il a du nez. Le secteur s'apprête à devenir une industrie, Marcel Bleustein-Blanchet propulsera bientôt son agence Publicis au premier rang des entreprises françaises.

En août, la famille Mallah part en vacances. « À la rentrée, j'aurai oublié le petit Hongrois », se dit Andrée.

Amour et fidélité

Dès les premiers jours de septembre, le revoilà pourtant, mince, souriant, et toujours plus élégant dans ses costumes qui tombent impeccablement. Les réticences d'Andrée s'évaporent. Bientôt, le sortilège opère sur sa bande de copains. Pal s'est mis tout le monde dans la main quand il lui demande la sienne. Elle consent dans un tourbillon. Pour les fiançailles, il offre trois cents ans d'histoire, et tout ce qu'il possède : la chevalière aux armes de sa famille, le loup qui brandit son épée. C'est romantique en diable. Les amis d'Andrée trouvent que tout va très vite.

Benedict Mallah connaît-il le passé du légionnaire ? A-t-il encore des doutes ? Il pose une condition au mariage : « Demandez la nationalité française. » Un bras de fer s'engage – Pal, contrairement à son futur beau-père, tire une grande fierté de ses origines. Il est un émigré, pas un émigrant. Qui considère qu'on l'a chassé de son pays et ne dira jamais qu'il s'en est enfui. Pal est hongrois et veut le rester, transmettre ce sang à ses enfants. Au fond de lui-même, il est convaincu que l'occupation soviétique est un épisode de l'histoire, le pacte de Varsovie un hoquet du hasard. Il fait confiance à l'Organisation du traité de l'Atlantique Nord, l'OTAN, pour refouler l'URSS au-delà des frontières de la Pologne. Il dit qu'un jour, demain peut-être, la famille « Charkeusy de Nodge Botcha » recouvrera ses titres et ses terres. Pour l'heure, ce passé invérifiable est son principal capital. Il donne à Pal une légitimité mondaine et l'aura d'un aventurier qui font son bonheur dans les réceptions. Rien ne lui plaît tant que plaire. Il cultive sa nonchalance aristocratique, et continue de prononcer son nom à la

magyare, en faisant claquer le *a* final. À défaut de
nationalité, il accepte de franciser son nom.

Le 8 février 1950, Paul Sarkozy, vingt-deux ans,
jure amour et fidélité pour la vie à Andrée Mallah,
vingt-cinq ans, devant le maire du XVIIe arrondissement et devant le curé de l'église Saint-François-de-
Sales. Paul Mathias est le témoin du marié, pratique-
ment son seul proche. Ni Kotinka ni ses frères n'ont
pu quitter la Hongrie. Paul est en habit et chapeau
haut-de-forme, dans la tradition de la grande bourgeoisie, Andrée en longue robe blanche. Il est si
grand ! Elle lui arrive au menton. On applaudit le
couple sur le parvis de l'église, une réception suit la
cérémonie dans l'hôtel particulier de la rue Fortuny.
Tous les amis des parents sont là. Paul rayonne,
héros du jour, baise la main des dames. Qui se souvient du vagabond aux pieds nus, transi dans la
queue de la maison des réfugiés ? Et pourtant !
C'était il y a un an.

Rue Fortuny

Benedict Mallah l'a toujours promis à ses filles :
l'appartement du deuxième étage de la rue Fortuny
serait pour la première mariée. La benjamine hérite
du trois-pièces. Le jeune couple s'installe dès le len-

demain du mariage, remet à plus tard un voyage de noces qu'il n'a pas le premier sou pour payer. La vie d'Andrée change brusquement. Elle a un mari, maintenant, qui attend de sa femme qu'elle accomplisse ses devoirs de maîtresse de maison. Paul avait prévenu : il n'acceptera pas qu'elle travaille, refuse même qu'elle poursuive des études.

Dadu est amoureuse. Elle renonce à l'insouciance de ses années au Quartier latin. Elle n'abandonne pas seulement le Code de procédure pénale, elle quitte ses copains, la fac de droit, ses petits béguins et sa liberté. Pour devenir femme au foyer, chargée des mondanités et des questions domestiques du ménage. Elle veut un bébé, très vite. Comme toutes ses amies. Elle n'a pas lu *Le Deuxième Sexe*. Simone de Beauvoir dénonce les servitudes du mariage et de la maternité, prône célibat et liberté sexuelle pour les femmes, et déclenche un beau scandale. *Le Figaro* a publié à sa une l'indignation du vertueux François Mauriac, catholique austère qui, avec sa moustache fine et ses traits secs, ressemble à Benedict Mallah. Les communistes ont dénoncé une « basse description graveleuse », une « ordure qui soulève le cœur ». Au fil des articles, *Le Deuxième Sexe* est devenu un manuel d'« égoïsme érotique », tandis que Simone de Beauvoir restait cantonnée au rôle de « suffragette de la sexualité », d'« amazone existentialiste ». Pas une voix féminine n'a relayé ce premier cri féministe.

La presse et l'opinion, unanimes, renvoient les femmes à leurs fourneaux. Sous la coupole du Grand Palais, le Salon des arts ménagers élit chaque année la fée du logis. Cette saison, on découvre le lave-linge Bendix, qui sera aussi décisif pour l'émancipation des femmes que *Le Deuxième Sexe*. Andrée Sarkozy n'a pas les moyens de s'offrir une machine à laver. L'argent manque. Paul est prodigue, loin des réalités domestiques. Ce dont il rêve, c'est d'une auto. Pas la première 2 CV, la voiture du peuple, présentée au Salon de l'auto. Non, celle qu'il convoite, c'est la nouvelle petite Renault, à peine sortie des usines de l'île Seguin : la 4 CV, presque un jouet. « Quatre portes, quatre places, quatre chevaux », vante la publicité. Il attendra, comme il attendra pour la télévision, qui fait son entrée dans les foyers français avec la tête de Pierre Tchernia. Paul est heureux. Il rentre le soir le long de belles avenues, quand les maris des amies de sa femme – des médecins ou de futurs hauts fonctionnaires – entassent leurs familles dans des deux-pièces de la périphérie de Paris en espérant des jours meilleurs.

Fabienne, l'amie du cours Dupanloup, née à deux pas de la rue Fortuny et mariée à un jeune médecin, doit faire la cuisine sur un réchaud qu'elle pose sur une planche en travers de la baignoire. Elle vit à Saint-Ouen, une banlieue à la Doisneau pas encore desservie par le métro. Quand elle le peut, elle paye un taxi pour venir voir sa famille et son amie qu'elle envie d'habiter le quartier de leur enfance. Andrée prend à cœur son nouveau rôle, secondée par sa mère et le personnel de la maison. Elle porte des tailleurs écossais, des chemises et des foulards qu'elle noue sous le menton. Elle organise des dîners hongrois qui réjouissent son mari. L'hôtel particulier, avec la cuisine à l'entresol et le monte-plats entre les étages, se prête aux réceptions qu'affectionne son époux. L'ex-futur légionnaire pense-t-il, parfois, à l'Indochine ? L'ex-future avocate a-t-elle encore le goût de suivre le procès de Marie Besnard, soupçonnée d'avoir empoisonné toute sa famille ?

Félix Potin et *Paris Match*[1] dessinent l'horizon d'une héroïne domestique : en un an, elle prépare 700 repas et transporte 645 kilos de pommes de terre, 70 kilos de sucre, 450 litres de lait et 300 litres de vin. Elle effectue 87 heures de travail par semaine, les mains dans la lessive, le charbon du poêle et les pains de glace pour la glacière. D'un bout à l'autre de l'échelle sociale, la femme « tient son rang ». Quand le général de Gaulle écrit ses

---

1. *50 ans de Paris Match*, Paris, éditions Filipacchi, 1998.

Mémoires et prend la pose à Colombey-les-Deux-Églises, son épouse, que les Français appellent tante Yvonne, est assise en retrait, tête penchée sur son ouvrage. Quand René Coty, futur deuxième président de la IVe République, ose une photo intime, Germaine, collier de perles et col en dentelle, lui sert la soupe à table. Le jour prochain où son mari entrera à l'Élysée, elle fera cet aveu : « Et dire que j'ai déjà rangé mon charbon pour l'hiver ! » En Iran, Soraya, « la princesse aux yeux tristes », vient d'épouser le shah et se désespère déjà de ne pas lui donner d'héritier. Elle sera répudiée à vingt-cinq ans. Heureusement, une starlette aux pieds nus ébouriffera bientôt la Croisette. Brigitte Bardot révolutionne le désir.

Andrée Mallah a ce sourire qu'on retient en caressant d'une main tendre la promesse d'un « heureux événement ». Le 18 juin 1951 naît à Paris le premier Sarkozy français. Paul, fier de ce garçon, l'a déclaré comme un petit prince, sous la totalité de son nom hongrois : Guillaume Georges Didier Sarkozy de Nagy Bocsa.

4

GUILLAUME, NICOLAS, FRANÇOIS

Confort moderne

Andrée est mère de famille. Le matin elle fait le marché, l'après-midi elle pousse a pas lents un beau landau à roues hautes dans les allées du parc Monceau. Toute à son rang, elle déambule en rêvant dans le plus chic des jardins parisiens, avec ses statues, ses fausses colonnades grecques et son allée Comtesse-de-Ségur. Ici, les nurses anglaises portent l'uniforme, coiffe et tablier rayé croisé dans le dos, les petites filles veillent à ne pas froisser leurs robes à smocks et les garçons jouent au ballon en barboteuse. Andrée retrouve Catherine Danlos et Yvette Hauvette, son amie des années de fac. Elles ont chacune un garçon de l'âge de Guillaume. Serge Danlos est aussi brun que Didier Hauvette est blond. En rentrant, Andrée Sarkozy s'arrête à la pâtisserie Les Délices, sur le chemin de la rue Fortuny. On y achète les meilleurs paris-brest de l'arrondissement. Le spectacle de ces jeunes mères appliquées n'a rien d'original. Le spectre des années de guerre s'efface peu à peu des mémoires. Les restrictions et les pénuries sont terminées. Pétain est mort dans sa cellule du fort de la Pierre-Levée, sur l'île d'Yeu. Les Français baignent dans l'euphorie du progrès, une vraie « baguette magique » qui a touché tous les recoins de la vie domestique. Téléviseur, aspirateur, robot de cuisine, Formica, la modernité est en marche. Jacques Tati la célèbre dans *Mon oncle*, tandis que le commandant Cousteau, héros sorti d'un album de Tintin, redécouvre vingt mille lieues sous les mers avec la *Calypso*. Le premier ordinateur, l'Univac, mille mots de mémoire, qui occupe vingt-cinq mètres carrés, est lancé sur le marché. Il s'en vendra cinquante-six dans le monde entier.

La France tricote et pouponne. Ces années sont celles du baby-boom : huit cent cinquante mille naissances en 1951, un tiers de plus qu'en 1945. Le pays est une ruche, il faut construire des voitures et mettre au monde des bébés. La pilule est encore dans les éprouvettes et les préservatifs réservés aux prostituées. Au grand regret de toutes celles qui ont découvert l'insouciance du plaisir dans les bras des GI's à la Libération : la capote faisait partie des paquetages américains, au milieu des chewing-gums et des barres vitaminées ! L'amour caoutchouc, pensent des Françaises conquises, quelle meilleure assurance contre les maladies, les grossesses non désirées et les avortements bâclés ? Dès que les Yankees ont repris la mer, la parenthèse s'est refermée. La morale a repris le dessus. Fini le bon temps. Retour à la méthode Ogino et aux cartes Famille nombreuse[1]. Gérard Philipe fait tourner les têtes, mais c'est François Mauriac et son *Baiser au lépreux* qui sont en vogue dans les familles.

Andrée, si fière de son mari et de son garçon, se plie à son nouveau rôle. Elle ne se plaint de rien, ni de son homme courant d'air, ni de la vie un peu démodée qu'il lui impose chez ses parents. Après tout, se dit la jeune femme, pragmatique, la rue Fortuny est un cadre agréable. Et contrairement à ses amies coincées entre langes et seaux à charbon, elle profite de l'intendance de la maison familiale. Cuisinière, femme de chambre, ses parents ont mis le personnel à sa disposition. Elle peut garder un peu de

1. Benoîte et Flora Groult, *Journal à quatre mains*, Paris, Denoël, 2002 [1962].

temps pour elle, lire les journaux, rêver au couple
Bardot-Vadim, ou encore se passionner pour le plus
beau feuilleton policier de l'après-guerre : l'affaire
Dominici. Gaston, le patriarche sorti d'un roman de
Giono, a-t-il assassiné Sir Jack Drummond, sa
femme et leur petite Elizabeth ? Chaque jour est un
nouvel épisode.

Trois piques, contré

Paul vit sa vie d'homme d'affaires. Il a investi un
petit diamant que lui a fait passer sa mère depuis
Budapest dans une entreprise de chaussettes qui rap-
portera peut-être, un jour. Il apprend les ficelles de
la publicité dans l'atelier de László Fircsa, villa des
Ternes, à deux pas de la rue Fortuny. Il sera dessinateur, puis maquettiste chez Elvinger, la plus ancienne
agence de publicité française. Il commence à bien
gagner sa vie comme dessinateur pour l'industrie du
tissu. Il met un pied dans l'empire Boussac, qui possède le quotidien *L'Aurore* et Christian Dior, grimpe
à grandes enjambées dans la hiérarchie. Tout lui plaît
chez Boussac, mais il n'a pas la mentalité d'un salarié.
Ce qu'il veut, c'est réussir en grand. Gagner de l'argent, s'offrir le luxe qui fait rêver, de belles voitures,
des tableaux de maître. Son richissime patron pos-

sède une écurie de course et des avions pour transporter ses chevaux des deux côtés de l'Atlantique.
Paul est ébloui. Il ne pense qu'à flamber, claquer ce
qu'il gagne. Un vrai Hongrois, songent les sages
amies d'Andrée. Il lui arrive plus volontiers de régaler une tablée que de régler la note de l'épicier.

Andrée a appris à se débrouiller. Elle cuisine le
logosh, fromage blanc assaisonné au paprika, et un
gâteau au chocolat hongrois, le *pitchingel*. Le couple
reçoit, danse la valse, la samba, le cha-cha-cha. Pour
ne pas déranger les parents Mallah dans la vieille
maison sonore, ils organisent des dîners dans un
petit club de la rue Saint-Florentin, près de la place
de la Concorde. Paul invite des amis hongrois aussi
fêtards que lui, la guinche se poursuit tard dans la
nuit. Il adore le bridge. Andrée, moins enthousiaste,
le suit pourtant quelques après-midi par mois dans
un salon de l'avenue de la Motte-Picquet, où des
passionnés organisent des tournois. Pour un franc,
ils offrent leurs conseils, une tasse de thé et un petit
biscuit. Ses hôtes ont le double de son âge, et les
noms d'oiseau volent autour des tables. Le bridge,
voilà bien le plus sûr moyen pour un couple de se
disputer ! Andrée tire sa jupe à godets sur ses
genoux et bâille d'ennui. Méthode Alabaran, trois
piques, contré, je passe... l'heure tourne. Paul,
acharné, ne lâche pas avant la dernière donne. Il veut
gagner.

Un nouveau-né prénommé Nicolas

Le docteur Mallah travaille dur dans son cabinet et sa clinique des Invalides. Homme simple, jamais dispendieux. À ses yeux, la modestie est une vertu. Certains de ses voisins sont des artistes, hébergés par quelques mécènes dans leurs beaux hôtels particuliers. Benedict ne demande rien à qui n'a pas les moyens de payer la consultation. Il est remercié par des gravures, des lithographies, des pastels. Lui qui n'a jamais eu de fils se découvre une passion pour le premier garçon de la maisonnée. Peu après la naissance de Guillaume, un bambin aux cheveux blonds et aux joues rebondies, Adèle Mallah et son mari décident de vendre la ferme de Corrèze, et d'éloigner à jamais les souvenirs qui s'y attachent. Dix ans se sont écoulés depuis la fin de la guerre. Benedict souhaite tourner la page. Médecin dans l'âme, il veut que son petit-fils profite du bon air aussi souvent que possible : après la vente de la ferme, il achète une maison de campagne plus près de Paris, du côté de Montfort-l'Amaury, à Orgerus.

Avec son gendre Paul, Benedict Mallah ne lâche pas prise. Il insiste pour qu'il prenne enfin la nationalité française. Marié, père de famille, un travail stable, plus rien ne l'en empêche désormais. Paul refuse

94

obstinément. Un jour de 1953, le beau-père dépose
à son insu une demande de naturalisation. Son gendre, convoqué à la préfecture, tombe des nues.
Furieux, il demande l'interruption de la procédure.
Quelle honte y aurait-il à rester hongrois ? Qui peut
exiger de lui que, à vingt-cinq ans, il trahisse sa
lignée victime du bolchevisme ? Qu'en dirait sa
mère, toujours prisonnière derrière le Rideau de
fer ? Paul Sarkozy est intraitable. Il raconte à
Andrée, qui croit dur comme fer à toute son histoire,
que son père a fait de la prison, juste avant de mourir, pour s'être opposé aux communistes. Dans son
pays, la situation évolue. En 1953, l'onde de la mort
de Staline s'étend à tous les pays frères. En Hongrie
comme en Pologne, des étudiants, des intellectuels
se lèvent contre le communisme. Mátyás Rákosi,
l'œil de Moscou, l'homme des purges, de la collecti-
visation et de la police politique, a été remplacé par
un Premier ministre plus modéré, Imre Nagy.
Kotinka Sarkozy et les deux frères de Paul ont repris
espoir. Ils économisent pour passer à l'Ouest. Partout, l'histoire galope. En mai 1954, Paul a une
petite pensée pour ses anciens camarades de la
Légion. Diên Biên Phu vient de tomber, la guerre
d'Indochine s'achève dans la boue d'une plaine jon-
chée de milliers de cadavres. La fin de l'empire colonial français est inéluctable. Dans quelques mois,
c'est l'Algérie qui va s'enflammer à son tour.

Paris accueille avec lassitude le « gouvernement d'hommes nouveaux » que vient de former Mendès France et pleure avec Pierre, l'abbé au regard d'apôtre qui dénonce les bidonvilles aux portes de la capitale. Saint-Germain bruisse de rumeurs sur l'identité réelle de Pauline Réage, mystérieux et scandaleux auteur d'*Histoire d'O*. Ou comment une femme devient l'esclave sexuelle de son amant... On pardonne à Brassens son *Gare au gorille* mais pas à une femme d'oser parler de sexe. « Obscénités ! », s'étranglent les pères la pudeur dans la France de René Coty. Ils s'offusquent aussi de la désinvolture du « petit monstre », Françoise Sagan, qui vient de publier *Bonjour tristesse*. Elle a dix-huit ans.

Paul lit peu. Il dessine, travaille, fait la fête. Il rêve maintenant d'une Renault Fregate, mais c'est en 4 CV qu'il emmène sa femme skier à l'Alpe-d'Huez. L'été, c'est La Baule, Deauville, Hendaye. Andrée, chemisier léger, jupon, ballerines, pose devant la voiture rutilante. Quatre chevaux, quatre places. Justement, ils seront bientôt quatre, les Sarkozy. L'arrivée du deuxième est annoncée pour l'hiver. Fille ou garçon ? Il n'y a que les « trucs de bonne femme » pour le prévoir. Ballon de rugby, ventre en avant, garçon. Ballon de foot, c'est une fille. Andrée sourit. Elle veut beaucoup d'enfants.

Le 28 janvier 1955, alors que les « événements d'Algérie » occupent tous les esprits, on fête rue

Fortuny la naissance d'un nouvel héritier. Un deuxième garçon. Blond lui aussi, plus petit que son frère à la naissance. Nicolas, Paul, Stéphane vient au monde l'année où Louison Bobet remporte son dernier Tour de France. Il rejoint bientôt Guillaume dans la petite chambre d'enfant du deuxième étage. « Trésor » doit partager son royaume avec ce nouveau-né, dont les yeux brillent comme deux pierres noires. Pas si simple. Andrée, débordée, épuisée, ne demande qu'à dormir. Elle se fait du souci pour sa mère, atteinte d'un cancer. Adèle meurt un an après la naissance de Nicolas. Benedict, veuf, s'isole dans ses livres. Suzanne, sa fille aînée, est inconsolable. Heureusement, la petite smala s'agite au-dessus de leurs têtes. Sans elle, la rue Fortuny serait un tombeau.

Insurrection à Budapest

Paul est un mari absent. Il part tôt, rentre tard. Parfois, il ne revient pas du tout. « Trop de travail, chérrrie », glisse-t-il avec son sourire ravageur. Andrée supporte sa solitude et les mensonges de cet époux qu'elle sait volage. Elle est désormais sans illusions : un séducteur ne change jamais. Depuis peu, il a acheté des locaux près du cimetière Montmartre. Un bel endroit, l'atelier Rachel, dont il fera ses bureaux et un logement. Il a pris de l'assurance, commence à signer de gros contrats publicitaires. Paul voudrait que sa femme l'assiste au secrétariat de sa nouvelle société de publicité. Elle freine des quatre fers. L'idée de passer ses journées avec Paul, garçon charmant mais épuisant, la fatigue d'avance. Elle préfère ne pas l'entendre faire le joli cœur avec toutes les dames qui passent à sa portée. Elle est plus tranquille sans lui, même si le calme est relatif avec deux garçons qui s'entendent comme chien et chat. Deux diables, sous leur angélique blondeur. Depuis que Nicolas sait marcher, ils se battent toute la journée. Le petit asticote l'aîné, qui finit par cogner. Hurlements, arnica, punitions, jusqu'à la prochaine fois. Il n'est pas rare que le docteur Mallah sorte de son cabinet en faisant les gros yeux. Les deux garçons n'en mènent pas large.

Le 24 octobre 1956, Paul est très excité. C'est l'insurrection à Budapest ! Pour la première fois, on manifeste dans un pays frère. Des milliers de Hongrois, galvanisés par les confessions de Khrouchtchev au XXe congrès du Parti communiste d'URSS ont cru au dégel. Ils ont cru aussi que la réhabilitation de l'ancien Premier ministre Racz, victime des purges staliniennes, sonnait le glas de la terreur soviétique. Ils sont sortis, et pour la première fois depuis la guerre, ils n'ont pas voulu rentrer chez eux. Après quelques images de foule en liesse, la chape est retombée. Les informations arrivent au compte-gouttes, par les ambassades ou de simples citoyens qui parviennent à communiquer avec l'Ouest. On murmure que les représailles sont sanglantes. Des photographes, comme Jean-Pierre Pedrazzini, reporter à *Paris Match*, payent de leur vie les rares clichés qu'ils parviennent à voler dans l'avenue Rakosi. Déguisés en maquisards, bérets, musettes et vieux fusils de chasse, des étudiants, rejoints par des paysans, envahissent la capitale et acclament la Hongrie libre. Moscou envoie ses chars. Des milliers de soldats en capote verte, l'étoile rouge sur leur casquette, envahissent le pays. La rébellion se termine dans le sang. Deux cent mille Hongrois franchissent le Rideau de fer. Fin 1956, Paul Sarkozy fête à Paris ses retrouvailles avec d'anciennes connaissances. Dans sa langue maternelle, il lève toast sur toast, à la santé de ceux qui sont restés là-bas. Ses frères sont déjà à Munich. Leur mère les y rejoindra. Bientôt, toute sa famille sera à l'abri.

Une Hongroise à Paris

Andrée, le cœur un peu serré, s'apprête à rencontrer sa belle-mère, cette grande dame dont Paul lui a tant parlé. Kotinka, dès sa première visite à Paris, annonce la couleur à sa bru : « Ma chère, j'ai l'habitude d'être la première partout où je vais. » Elle est au bras de son nouveau mari, Harry, un noble autrichien qui file doux. Il est chauffeur de taxi à Munich, en Bavière, dans la compagnie qu'a montée sa femme sitôt arrivée de Hongrie. Kotinka, avec un effroyable accent, adore répéter : « Harry chauffe et moi je gagne. » Le premier jour de son séjour parisien, elle s'éclipse sans un mot, disparaît tout un après-midi. Son français d'école date d'avant la Première Guerre mondiale, elle a oublié Paris et le couvent des Oiseaux où la légende raconte qu'elle aurait passé quelques années. C'est l'inquiétude rue Fortuny. Kotinka réapparaît dans la soirée. À son poignet, elle exhibe un somptueux bracelet Cartier qu'elle vient de s'offrir. Paul esquisse un baisemain, comme au bon vieux temps. La légende hongroise se matérialise sous les yeux des Mallah. Benedict est subjugué. La famille en tire un sujet de moquerie : « Si papy tombe amoureux d'elle, on est tous ruinés ! »

En 1958, Nicolas entre au jardin d'enfants, Guillaume est en primaire. La Constitution de la Vᵉ République est adoptée le 4 octobre. La France se donne à de Gaulle, qui entend rétablir ordre et morale dans le pays bouleversé par la décolonisation. Le docteur Mallah, admirateur fervent du

général, est soulagé. Finie la cacophonie de la
IVᵉ République, l'exemple, enfin, va venir d'en haut.
« Vive de Gaulle, vive l'Algérie française ! », crie-
t-on de Paris à Alger. La gauche s'inquiète de l'âge et
du conservatisme de l'ancien sauveur de la France,
redoute une dérive à la Pétain, héros en 1918 et fossoyeur de la France vingt ans plus tard. De Gaulle
ne vient-il pas de passer douze années à ruminer son
aigreur dans sa belle demeure de Colombey-les-
Deux-Églises ? Qu'a-t-il à proposer aux Français ?
Le vieux militaire donne aussitôt la preuve de sa
vitalité : « Croit-on qu'à soixante-sept ans je vais
commencer une carrière de dictateur ? », tonne-t-il
lors de sa première conférence de presse devant un
millier de journalistes.

Chaque matin dans la France gaullienne, deux
élèves modèles, culottes courtes et blazers marine,
traversent le parc Monceau pour aller à l'école. Pas
la communale du quartier, pourtant loin d'être mal
famée. Sur les conseils de la comtesse Danlos, l'amie
du jardin d'enfants, ils fréquentent le cours Saint-
Louis, rue de Monceau. Une institution privée et
catholique pour garçons uniquement, tous des fils
de bonne famille. L'inscription coûte les yeux de la
tête. La famille Michelin, la famille Seillière, les plus
grands noms confient leurs rejetons aux prénoms
composés à Saint-Louis-de-Monceau. Il n'y a pas de

raison pour que les fils d'Andrée Sarkozy n'aient pas les mêmes chances dans la vie.

La trilogie d'Andrée Sarkozy

Quatre ans après la naissance de Nicolas, un troisième enfant est attendu chez les Sarkozy. Dans l'appartement qu'ils habitent maintenant avenue Rachel, près de la place de Clichy, le couple bat de l'aile. La façade du beau mariage se lézarde. Andrée cache son désarroi à ses amies, qui ne sont pas dupes : sous les apparences, le Hongrois magnifique n'a rien du mari idéal. Dépensier, séducteur, mondain – sa femme doit tout supporter. Toujours à court de monnaie chez les commerçants, elle se moque d'être traitée comme une reine dans les meilleurs restaurants de la capitale où Paul claque l'argent sans retenue. Il n'aime pas la discrétion : à la sortie de l'école, son élégance nouvelle vague et sa dégaine de jeune premier à la Belmondo détonnent sur les complets-vestons des autres pères de famille. Loin d'être un modèle, il délègue à son épouse les premières communions, la discipline, les devoirs et les tâches ménagères. Les enfants, bonjour bonsoir, il a vite fait de les envoyer jouer dans leur chambre. Il s'amuse à les faire poser pour ses campagnes de publicité. Le petit blondinet joufflu, culotte grise et maillot rayé, assis au centre d'un rail de train électrique qu'on peut gagner en jouant avec la lessive Bonux, c'est Nicolas. Il n'a pas cinq ans.

Andrée assume. Ce mari, qui la fait encore rire, lui a donné de beaux enfants. Elle l'aime encore, pense-t-elle. Ses amies s'inquiètent. Elle est de plus en plus souvent seule. Bientôt, elle donne naissance à un troisième fils. François, Robert, Pascal Sarkozy ne ressemble pas à ses frères. Il a l'air doux, rêveur et paisible. Andrée a réédité l'exploit de Kotinka, avec sa trilogie de garçons blonds. Sur les photos, d'une génération à l'autre, la ressemblance est à s'y méprendre. La lignée des Sarkozy continue, le sang des hommes de la steppe coule dans les veines de la nouvelle génération. Paul est fier de sa nichée. Mais quelques mois après la naissance de François, aussi calme que ses frères sont turbulents, le couple se sépare. Soudain, Paul disparaît. Du jour au lendemain, Andrée se retrouve seule avec ses trois petits ; son mari s'est déjà installé avec une autre, une jeune Franco-Hongroise, fille d'ambassadeur, qu'il épousera par la suite. C'est ce qu'Andrée appellera toujours « un commun accord ». La voilà divorcée.

À l'aube des années soixante, l'idéal féminin est incarné par deux beautés au regard mélancolique, Jackie Kennedy et Grace de Monaco. Deux épouses modèles, l'une brune, l'autre blonde. Elles exhibent avec élégance et un soupçon de tristesse leurs enfants devant les objectifs de photographes célèbres. Leur langueur et leur mélancolie, les rêves qui passent dans leur regard relèguent aux oubliettes l'allure pot-au-feu de « tante Yvonne », Mme de Gaulle, incarnation du devoir. Hollywood a conquis le monde. Les femmes des hommes célèbres inventent le glamour. Jackie parle quatre langues, Grace fut l'égérie d'Alfred Hitchcock, mais c'est leur beauté, « carte maîtresse pour la campagne de John Kennedy », « rayon de soleil du souverain », que vantent les magazines.

Andrée a trente-deux ans. Un divorce, à cette époque, dans son milieu, c'est un tremblement de terre. « Avec trois enfants, jamais elle ne retrouvera un mari, pensez donc... », murmurent les voisines et les commerçants. Désemparée devant le berceau du bébé et les lits jumeaux de ses aînés, Andrée rassemble ses idées et ses forces. Elle peut compter sur son père, qui se garde de tout commentaire. Et sur sa sœur Suzanne, en adoration devant les garçons. Les petits Sarkozy et leur mère retrouvent le chemin de la rue Fortuny, l'appartement du deuxième étage où ils ont grandi. Ils ont un toit, une famille, des amis. Reste à leur mère à trouver un travail. Parfois, le soir, Andrée a envie de pleurer, la tête sous l'oreiller.

Tout est nouveau, ce printemps-là : le franc, les Beatles, la pilule enfin en vente aux États-Unis, les satellites dans l'espace, la guerre du Viêt Nam, le paquebot *France*... Sa deuxième vie commence. Mme Paul Sarkozy devient Andrée Sarkozy.

DEUXIÈME PARTIE

Les armes de la famille
Särközy de Nagybocsaï depuis 1628.

La tombe de la famille Särközy à Szolnok.

Le docteur György Särközy.

La famille Särközy en Hongrie au début des années trente.
De gauche à droite : Pal, Kotinka, Gédéon, György père, György fils.

Les trois frères Särközy dans les années quarante.

Le docteur Benedict Mallah, sa femme Adèle
et leurs filles Suzanne et Andrée à la fin des années vingt.

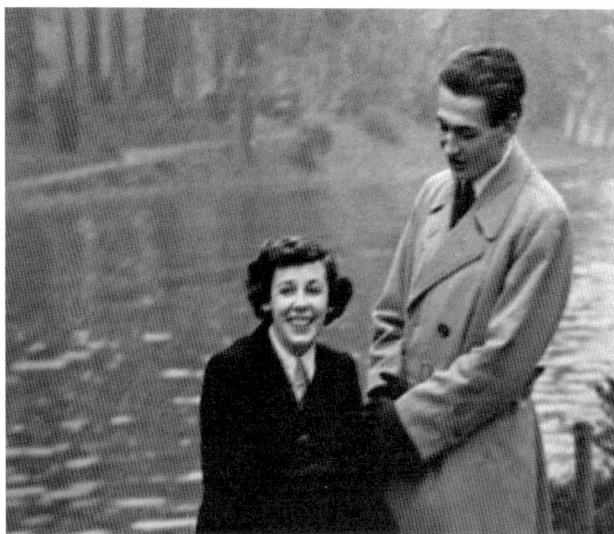

Andrée et Paul Sarkozy à Paris en 1950.

Paul Sarkozy dans son agence de publicité,
dans les années soixante.

Nicolas Sarkozy
maire de Neuilly, 1983.

François, Nicolas et Guillaume Sarkozy
sur le plateau de *Vivement dimanche* le 27 septembre 2001.

François, Paul et Nicolas Sarkozy en 2005.

Crédits : Pages 1 à 6 et page 8 (en bas) : D.R.
Page 7 : © William Karel / Sygma / Corbis, page 8 (en haut) : © SIPA / Benaroch.

1

ANDRÉE ET LES GARÇONS

La vie en solo

Victime ou conquérante ? Quand on est quittée, à peine trentenaire, l'alternative est sans ambiguïté. Andrée Sarkozy réfléchit. Après quinze jours de solitude, elle a pris trois décisions : garder son nom hongrois pour éviter les commentaires qui, au fond, la dérangent. Reprendre ses études. Mais d'abord, vite, organiser un dîner, lancer des invitations. Sa façon de prouver qu'elle n'est ni hors jeu ni K.-O. Elle reçoit ses vieux amis, les Hauvette, les Danlos, les Godlevski et quelques célibataires qui lui ont toujours fait une cour discrète. Les proches de Paul sont rayés de son Bottin mondain personnel.

109

« Finalement, je me suis toujours emmerdée avec ses copains », constate-t-elle. Oubliés, ces Hongrois machos et trop vite éméchés, ces snobs, ces pique-assiettes qui tournaient autour de son mari. Un divorce, c'est l'heure de vérité ! Le soir du dîner rue Fortuny, son premier souper de femme seule, elle a mis les petits plats dans les grands, réquisitionné la gouvernante de son père et enfermé ses garnements dans leur chambre. Les convives apprécient. Certains hommes ont le regard plein de promesses. Andrée a tôt fait d'identifier le piège qui la guette : laide et triste, on ne l'invitera pas. Belle et enjouée, on ne l'invitera pas plus. Il s'agit donc de se montrer ni trop ni pas assez sympa, dynamique, rigolote. Question d'habitude. En juin, elle est inscrite en troisième année de droit, dans la fac de la rue Saint-Jacques qu'elle a quittée dix ans plus tôt. Cette fois, elle deviendra avocate. Mais que faire durant l'été ? Ce mois d'août en solo paraît une épreuve. Fabienne Godlevski propose de lui louer un étage de la maison de vacances familiale sur la plage de Pontaillac, en Charente-Maritime. Une station balnéaire à la Jacques Tati, avec ses pensions de famille, ses plages où braille la marmaille et ses mamies qui tricotent sous les parasols. Les grandes vacances sont assurées. Quant aux week-ends, rien n'a changé : Paul s'est esquivé, mais la maison d'Orgerus est toujours là.

Orgerus

L'injonction est formelle. « Surtout, tu ne te gares pas devant l'école ! » Guillaume dévale l'escalier. Il marque quelques secondes d'arrêt sur le palier du premier, vérifie que papy a entendu l'interdit. Rassuré, il disparaît dans un bruit de cavalcade. Benedict Mallah écoute la porte qui claque, le silence qui suit. Il sourit – l'habitude, peut-être : chaque samedi, à l'instant de partir en classe, Guillaume réitère la consigne avec la même conviction. Il a neuf ans, et des vraies inquiétudes d'enfant.

Plusieurs fois, l'aîné des garçons a imaginé la scène. Plusieurs fois, il a senti son cœur se serrer : la vieille traction démodée du docteur Mallah stationnée devant Saint-Louis-de-Monceau, Poupette la poule qui caquette sur le toit, dans une caisse attachée au milieu des cageots, tante Loulou, droite comme un I, toute raide côté passager, papy, son béret sur la tête, vitre baissée, un coude à la portière et la main sur le Klaxon, qui interpelle son petit-fils dans un couinement répété... Guillaume sent déjà sur lui le regard des fils d'ambassadeurs, ces poseurs trop chics avec leurs chaussures bien cirées, qui remontent la rue de Monceau avec la nonchalance des gosses de riches. Il serre les dents. Jamais. La première fois qu'il a demandé à papy de l'attendre rue de Lisbonne, oh, pas loin, à peine quelques mètres dans une artère perpendiculaire à l'abri des regards, Benedict Mallah n'a rien dit. Il n'a posé aucune question, convenant juste d'un rendez-vous à cinq heures, à la sortie des cours. Désormais, c'est donc de là qu'on partirait le samedi pour Orgerus. Aller respirer le bon air de la campagne à une cinquantaine de kilomètres à l'ouest de Paris.

Andrée n'est pas mécontente du stratagème de Guillaume. Elle n'est pas snob, non ; simplement, l'institution où elle a tenu à inscrire les garçons cultive le respect des apparences. Elle n'a pas envie que le désordre bruyant de sa tribu brouille l'image sociale des fils Sarkozy à Saint-Louis, pas envie que là-bas on se moque de cette famille Fenouillard, même si au fond elle adore les expéditions du samedi. Il faut les voir, les Mallah-Sarkozy, à sept dans la Citroën, Benedict au volant, Suzanne à sa droite, le bocal du poisson rouge posé sur les genoux tandis que, tassés sur le siège arrière, le chat, Andrée, François, Nicolas, Guillaume et Serge Danlos se chamaillent pour une place à la fenêtre !

Serge, « Serser » comme l'appelle affectueusement Andrée, c'est son « quatrième fils », l'unique rejeton de son amie la comtesse Danlos. Divorcée, Catherine a épousé en secondes noces un industriel de l'acier, qui a engagé Suzanne Mallah au service comptabilité de son entreprise. À ses heures perdues, la comtesse, qui est l'une des premières licenciées de France en physique et chimie, écrit des romans, des romans d'amour. Elle rédige en sous-main pour Harlequin, l'éditeur du cœur. L'une de ses deux œuvres personnelles, *Sygne ou les cinq tentations*, narre la passion – brûlante – d'une femme pour une femme. Vaguement choquée, un peu émoustillée, Andrée s'est demandé d'où son amie pouvait bien tirer la précision de ses descriptions. L'écrivain moderne prend parfois à sa table les petits Sarkozy, pour soulager son amie. Au départ, les invitations ont été lancées pour jouer avec Guillaume. Mais les constructions de Meccano et la précision méticuleuse de « Trésor » ont vite lassé Serge, qui préfère les batailles épiques mises en scène par Nicolas avec son armée de soldats. Lui qui n'a pas eu de grand-père s'est pris d'adoration pour Benedict. Quand c'est son tour d'aller rue Fortuny, après avoir embrassé celui qu'il appelle papy, il rejoint Nico à l'étage et guerroie sans merci jusqu'à l'heure du goûter. Lorsqu'ils sont fatigués de s'entre-tuer, les deux garçons construisent des circuits compliqués où leurs Majorette, petites voitures aux couleurs vives, rivalisent dans des virages en épingle. Le jeudi, Serge Danlos traverse le parc Monceau, qui sépare l'hôtel

113

particulier de sa famille du royaume plus modeste des enfants « Sarko ». Ce parc, il l'a tant et tant arpenté qu'il pourrait même le franchir les yeux fermés. Serge est élève à Saint-Louis-de-Monceau, dans la même classe que Guillaume. Mais c'est encore avec Nicolas qu'il chahute sur la banquette arrière de la C11 de Benedict Mallah, en route vers Orgerus, alors que Poupette piaille sous le tunnel de Saint-Cloud. Malgré les vitres closes et les vrombissements des moteurs, au cœur de l'embouteillage, on entend la poule comme si elle partageait l'habitacle ! Chaque samedi, c'est la même comédie : Guillaume et Nicolas veulent embarquer le volatile, qu'ils ont gagné lors d'une loterie à Orgerus et qui passe ses semaines dans la petite cour froide de la rue Fortuny : « On l'emmène, elle pourra manger des vers de terre ! » Andrée a bien tenté de résister, « Pas question, vous n'avez qu'à les lui rapporter ici », elle a fini par céder. Depuis, chaque samedi, Poupette, avertisseur emplumé, s'affole dans les gaz d'échappement. Et quand elle s'est calmée, qu'elle a rentré la tête pour se protéger du vent le long de la nationale 13, papy peut rouler, la main sur le Klaxon, qu'il actionne avant chaque virage. Il accélère, freine, Nicolas s'égosille à l'arrière. À peine Benedict Mallah s'est-il rangé sur le bas-côté que,

114

bousculant frères et mère, l'enfant jaillit de l'auto, se précipite dans le fossé où il vomit tripes et boyaux. « Regarde devant ! », lui a pourtant recommandé Suzanne. Un coup de pied dans le tibia pour agacer Guillaume, un coup de coude dans l'épaule de Serge qui le lui rend immédiatement, deux ruades et c'est son estomac qui proteste. Rien qui calme pourtant une insatiable gourmandise : quelques kilomètres plus loin, quand on arrive enfin à Garancière, voilà qu'il exige encore une halte. Devant la pâtisserie, cette fois, où il s'empiffre d'éclairs au chocolat.

La maison d'Orgerus fait face au stade de foot, à deux pas de la mairie. Elle ressemble à toutes les maisons du village, excepté la verrière : la finesse de l'armature et les festons de fer forgé ont même inspiré le peintre François Villon, l'un des patients du docteur Mallah, qui l'a figée à l'aquarelle. Il voulait faire poser Andrée, Benedict l'a refusé à sa cadette : « Je n'aime pas le regard cochon qu'il porte sur toi. » Alors Villon, de son vrai nom Gaston Duchamp, croqua le papa et le toit. Au-delà, c'est le garage. Le docteur Mallah gare la traction et libère Poupette, pendant qu'Andrée ouvre les fenêtres et que tante Loulou s'attaque à la poussière : elle la traque avec une obsession maniaque, son chiffon à la main, passe en revue les recoins. Sous les lits, sur les armoires,

115

Suzanne, le chignon bien tiré, brique la maisonnée. Personne ne cherche les garçons : déjà en pyjama, ils sont chez la voisine, Mme Gonthry, qui allume pour eux son poste de télévision et les laisse devant Rintintin, le chien le plus célèbre du petit écran. Nicolas et Serge suivent passionnément les aventures de Rusty, ce petit Américain d'une dizaine d'années recueilli par la cavalerie après que les Indiens eurent massacré sa famille. Devenu la mascotte de Fort Apache, le foulard noué sous le menton à la manière d'un vrai soldat de l'Ouest, Rusty s'est pris d'affection pour un berger allemand qu'il a dressé : « Youhou Rintintin ! », crie toujours l'enfant au moment le plus inquiétant de l'épisode, et Rintintin bondit sur le méchant. Soulagement du public. Promesse de revenir samedi prochain pour de nouvelles aventures. À Paris, ils n'ont pas la télévision. Toute la semaine, ils rêvent de Zorro et des Chevaliers du ciel.

À Orgerus, l'organisation ressemble à la rue Fortuny. En bas, le grand-père et sa fille aînée, en haut, Andrée et les garçons. Ici, simplement, les repas sont pris en commun : on mange correctement et on se tient bien. Pas de « J'aime pas ! », de « J'en veux plus ! » et autres « C'est pas bon ! » – avec Benedict Mallah en bout de table, les garçons se tiennent à carreau. À Paris ils chipotent, pour un oui ou pour un non... Leurs caprices culinaires font le désespoir des amies de leur mère : Guillaume, Nicolas et François dévorent les pizzas, les frites, les nouilles et le jambon. Aucune viande, aucun légume, ou si peu, ne trouve grâce à leurs yeux. Dès qu'elle a le temps, Andrée leur mijote des petits plats hongrois, ceux qu'elle avait appris à cuisiner pour le plaisir de Paul. Les énormes gâteaux au chocolat font le bonheur de la progéniture Sarkozy de Nagy Bocsa.

Après le déjeuner du dimanche, le grand-père pose un chapeau de paille sur sa tête et s'en va tailler ses rosiers. Andrée a rangé ses dossiers – par principe, elle refuse de travailler quand elle est avec ses enfants. Allongée sur une chaise longue, dans un coin du jardin, elle feuillette *France-Soir*, garde pour la soirée son magazine préféré, l'hebdomadaire *Elle*. La mode, les fiches-cuisine, le courrier du cœur de Marcelle Ségal... Andrée lira tout, de la première à la dernière page ! En attendant, elle suit des yeux Serge et Nicolas qui étourdissent de questions le jardinier de la maison. Plus que septuagénaire, le père Morvan leur raconte la Grande Guerre. Sans se lasser, entre deux pelletées, la campagne de Verdun sort des tranchées : « À ce moment-là, la 312 tombe à l'ennemi, pendant que les gars se retranchent vers la 421. Nous, on prend la 260 en arrivant de l'arrière... » Les gamins n'en ont jamais assez. Quand l'ancien poilu oublie un détail, ils interviennent pour le lui rappeler. Ils veulent le gaz, les masques, la boue, les poux, ils réclament du sang et des larmes. La der des ders, ils la savent sur le bout des doigts. Et le fracas du front assourdit presque leurs oreilles lorsqu'ils s'éloignent, armés pour résister aux boches jusqu'aux dernières balles. Le père Morvan aime beaucoup les enfants de « monsieur le comte », comme il appelait toujours Paul Sarkozy, au temps d'avant. Son préféré pourtant, c'est Guillaume, qu'il a connu au berceau : l'aîné des garçons n'avait pas un an lorsque Benedict Mallah a vendu la ferme de Corrèze pour acheter Orgerus. Guillaume est grand, maintenant, mais le père Morvan continue de lui donner du « bébé », les yeux pleins de tendresse. « J'adore tout le monde ! », déclare-t-il souvent, citant encore « la patronne » et « le docteur ». Seule Suzanne, dont il supporte mal l'austérité, n'a pas sa faveur.

Le soir, à l'étage, Andrée ouvre un placard et déplie le lit de Serge. Le bruit du sommier exclut la moindre velléité de tapage nocturne : l'adolescent peut à peine se tourner sans réveiller la maisonnée ! Le dimanche, la tante bat le rappel pour la messe du matin. Elle vérifie les souliers, les raies dans les cheveux et la couleur des ongles. Catholique pratiquante, bigote à ses heures, elle ne désespère pas d'éduquer ses neveux à la religion – Guillaume surtout, converti au charme doucereux de la liturgie. Enfant de chœur, fier titulaire d'un diplôme d'acolyte de la Sainte Vierge, l'aîné n'est pas insensible à la Passion du Christ, dans les volutes des encensoirs. Et ce ne sont pas les moqueries de son cadet et de son ami qui vont le détourner de sa vocation ! Il prie, tandis que Nicolas et Serge rivalisent d'ingéniosité pour échapper à la corvée. Le Notre-Père, ils le récitent chaque matin à Saint-Louis-de-Monceau. Suffisant, jugent les enfants. La foi n'a aucun sens à leurs yeux, et la judaïté du docteur Mallah n'existe pas dans la vie familiale. La religion n'est qu'une reconnaissance sociale. On se marie devant le curé, on baptise, on fait sa communion, on va à la messe – on fait simplement comme tout le monde.

À l'heure de partir, le dimanche soir, il faut encore chercher la poule, réfugiée sur le grand cèdre du Liban. « On y va dans une demi-heure ! », crie le grand-père : le temps de récupérer Poupette et de charger sur le toit les cageots de légumes du potager pour la semaine. Serge Danlos, lorsqu'il déchiffre un jour la plaque de médecin fixée à l'avant de la voiture et découvre que papy s'appelle Benedict, interroge sa mère sur ce prénom féminin porté par un homme. « Il est juif », répond la comtesse. Durant toutes ces années, ce mot-là ne sera prononcé qu'une seule fois. Et jamais chez les Sarkozy [1].

La vie à Paris

Benedict Mallah a instauré des règles. Il est le seul homme de la maison, et entend être obéi. Pas de bruit, pas de chamailleries, une tâche pour chacun. Moyennant une pièce, l'aîné est chargé de la corvée du charbon. Tous les matins, Guillaume enfourne des pelletées de boulets poussiéreux dans la chaudière de la cave, une antiquité qui mériterait de partir à la décharge. Le premier hiver qui suit la séparation est difficile pour les enfants. Le grand a vite compris ce que ses parents n'ont pas encore dit. Des mois qu'ils chuchotaient des gros mots, dans l'alcôve qui leur sert de chambre dans le salon : « divorce », « départ », « pension alimentaire », Guillaume a entendu leurs conciliabules, le soir, il a épié leurs conversations d'adultes autour de la table de la salle à manger. C'est à lui qu'ils l'ont annoncé en premier. Guillaume a redressé le menton et ravalé ses larmes. Même pas mal.

1. « Chez nous, c'était l'omerta sur nos origines juives. » Entretien de Guillaume Sarkozy avec l'une des auteures, 1er février 2006.

Sa mère a repris des études. Elle rentre tard le soir, pour se replonger aussitôt dans ses cours de droit. Guillaume l'attend, petit homme déjà trop grand. Il refuse de toucher aux nouilles-jambon préparées par la baby-sitter, préfère patienter jusqu'au retour de sa mère pour dîner en tête à tête avec elle. Il est malheureux. Pour elle, pour lui. À l'école, seul enfant de divorcés de la classe, il n'aborde jamais le sujet. Guillaume a honte, il se tait. Fait comme si de rien n'était quand les fils de famille le regardent d'un air narquois. Il donne un coup de collier pour être le premier. Toutes les semaines, au cours Saint-Louis, ceux qui sont en tête sont récompensés par une croix, distinction suprême. Guillaume se démène pour l'obtenir.

Nicolas n'est pas plus disert, ni plus heureux[1]. Souvent, aux premières heures du matin, il se faufile dans l'escalier et se réfugie sur les genoux de son grand-père, déjà levé, plongé dans ses livres. Jaloux de l'intimité que son frère a instaurée avec leur mère, il multiplie les scènes, refuse de se coucher. François, poupon sage comme les enfants des images pieuses de tante Loulou, semble ne s'apercevoir de

---

1. Il a confié en 1994 aux journalistes de *Globe* : « Ce qui m'a façonné, c'est la somme des humiliations d'enfance. Je n'ai pas la nostalgie de l'enfance parce qu'elle n'a pas été un moment particulièrement heureux. »

rien. Le jeudi après-midi, c'est souvent le grand-père qui s'occupe de Nicolas. Quand il ne part pas au cours d'équitation avec Guillaume et Serge Danlos, le garçon tape à la porte du cabinet : « Tu m'emmènes ? » Benedict Mallah déploie sa longue silhouette, enfile son imperméable, ajuste son chapeau. La traction reste au garage : une voiture, c'est commode pour se déplacer. Le docteur Mallah n'imaginerait pas s'en servir pour ses loisirs. Il prend l'enfant par la main, descend l'escalier du métropolitain. Station Malesherbes, ligne 3, direction Pont-de-Levallois. Il faut poinçonner son ticket, attendre que le portillon libère l'accès à la voie. Le métro arrive dans un fracas. Benedict Mallah et Nicolas s'installent en deuxième classe, les wagons peints en vert sur lesquels les initiales de la Compagnie des chemins de fer se détachent en lettres dorées. Au milieu de la rame, une laque rouge vermillon signale l'emplacement réservé aux passagers qui ont payé le billet en première. Les sièges sont en bois, le loquet des portières peut coincer les doigts. Ils descendent à la Porte de Champerret, font encore quelques pas, poussent la porte du bistrot. Benedict connaît l'appétit de son petit-fils : « Des tartines beurrées, s'il vous plaît ! », lance-t-il au patron, derrière le zinc. Ce n'est plus un goûter, c'est une orgie ! Nicolas est ravi. Parfois, il prend un jus de fruit, ou il choisit une grande tasse de café au lait pour tremper les tranches de pain, regarde le beurre se dissoudre dans une auréole irisée. Ces après-midi sont une fête.

Paul et ses fils

Rien à voir avec les déjeuners du jeudi, quand Paul veut bien se manifester. Parfois, le père vient attendre ses fils à la sortie de l'école, dans la Lancia Fulvia carrossée par Zagato qui a remplacé la vieille Fregate. Guillaume, à l'affût du qu'en-dira-t-on, lui a imposé le même coin de rue qu'à papy Mallah. Les voitures de son père sont toujours trop belles ou trop vieilles. Que n'a-t-il une DS noire, comme les parents de ses copains ! Paul, remarié avec une princesse de vingt ans, ne prend pas la peine de faire semblant. Il emmène les garçons dans une pizzeria de la place Wagram, toujours la même. La conversation traîne en longueur. Ces repas sont une épreuve. Paul Sarkozy interpelle les serveuses, oublie ses fils qui se tassent sur leurs sièges. Il les dérange, ce père trop frimeur, trop hâbleur, trop séducteur, trop extraverti, trop excentrique. Le contraste entre l'austérité de Benedict Mallah et la prodigalité de Paul Sarkozy est intolérable. François est petit et Guillaume est poli. Nicolas, lui, supporte de plus en plus mal la désinvolture de leur père, ses indifférences, la pension alimentaire qu'il oublie, cette façon de toujours le mettre en rivalité avec ses frères. Paul se pique d'autorité, exige le compte rendu des notes de la semaine d'un ton cassant. Ses enfants savent que la qualité de son regard dépend de celle du carnet de notes. C'est l'affection au résultat. Un jeudi, le père offre à Guillaume un livre d'astrophysique. La rareté du cadeau déclenche une soudaine vocation, qui le poursuivra longtemps. La tête dans les étoiles, c'est pratique quand la réalité est pénible à regarder en face.

Paul Sarkozy a « réussi », comme on dit, dessinateur moyen mais excellent bonimenteur. La publicité, art du mensonge légal, lui va fort bien. Il a refait sa vie, laissant derrière lui la rue Fortuny. Bientôt, il quittera sa femme pour une jeune fille de grande famille, avec qui il aura deux enfants. Puis il la quittera à son tour pour Inès, vingt ans. À la troisième belle-mère, exaspérés, ses fils inventent la grève du droit de visite. Andrée tente de préserver les apparences. Sans réussir à empêcher les deux aînés d'en vouloir à Paul. Nicolas, adolescent, refuse de le rencontrer pendant trois ans : il ne supporte plus sa désinvolture financière. Paul reste imperturbable. Andrée continue d'arrondir les angles, de préparer des repas, le dimanche, pour permettre aux enfants qui le souhaitent d'apercevoir leur père. Sinon, les semaines passent sans qu'il se manifeste. Un jeudi, dans la pizzeria de la place Wagram, alors que Guillaume et Nicolas lui lancent des regards lourds de colère, Paul lâche : « Je ne vous dois rien. »

Si les enfants ne manquent de rien, ce n'est pas grâce à leur père. Ils le savent. Tante Suzanne offre des voyages, des séjours dans une pension de famille à Montreux. Papy Mallah règle souvent les trimestres du cours Saint-Louis. Grâce aux efforts de la famille maternelle, les trois fils, inscrits dans le plus chic cours privé de Paris, jouent au tennis et montent à cheval, ils partent en week-end à la campagne et en vacances à la mer. C'est encore la tante ou le grand-père qui signent les chèques. Mais malgré leurs efforts, les petits « Sarko » n'ont pas le train de vie de leurs amis, Serge, le fils de la comtesse, et surtout Didier Hauvette, de la famille Michelin – villa dans le Midi, voyages, nombreux personnel de maison...[1] Enfants de divorcés, élevés par une mère qui

1. Guillaume Sarkozy à l'une des auteures : « Chez les grands bourgeois, nous étions assis, mais en bout de table. » Nicolas Sarkozy, in *Entretiens avec Michel Denisot*, Paris, Albin Michel, 1995 : « Ce qui m'a marqué, c'est la séparation de mes parents, et le fait que je n'avais pas les relations pour m'imposer. » François Sarkozy à l'un des auteures, 25 mai 2005 : « On allait dans une école privée mais on avait des difficultés à partir en vacances. On était à la fois dedans et dehors. »

travaille, Guillaume, Nicolas et François n'ont pas le statut social de leurs camarades de banc, ni peut-être leur insouciance. La bourgeoisie est un combat quand il faut lutter pour tenir son rang. Andrée tient à son mode d'existence, à l'importance de certaines apparences. Pousser dans un bon milieu, se dit-elle, est le meilleur des sésames.

C'est le superflu qui fait défaut : les fils Sarkozy ne vont pas au cinéma, ils ne dînent pas au restaurant. Ils vivent correctement, mais ne dépensent pas largement. Souvent, Andrée doit consoler, rassurer sur leur père évanescent. Elle leur épargne le récit des discussions de marchands de tapis autour de la pension alimentaire. Pas rancunière, elle invite son ancien mari rue Fortuny autour du gâteau au chocolat hongrois. Tout redevient comme avant, le temps d'un goûter, d'un dîner. Elle ne présentera jamais un autre homme à ses enfants. Sa vie privée n'appartient qu'à elle.

2

LA VIE SANS PAUL

Pontaillac

« Marche tout droit, cette fille-là, fais celui qui ne la voit pas, marche tout droit, cette fille-là, fais celui que ça laisse froid... » Devant la scène, des centaines de jeunes filles se déhanchent en poussant des cris au rythme de la batterie. Claude François, la nouvelle vedette d'Europe n° 1, fait des bonds en scandant le refrain, micro à la main : « Marche tout droit, cette fille-là, ne la regarde surtout pas ! » Août 1964. La salle des fêtes de Pontaillac, petite station balnéaire toute proche de Royan, est pleine à craquer. Tandis que Johnny joue les rebelles en une du magazine *Salut les copains*, veste militaire, béret noir et mains au ceinturon sur fond de drapeau bleu-blanc-rouge, Clo-Clo fait craquer les midinettes, avec son look de jeune homme bien élevé, la chemise à carreaux repassée et le pantalon cigarette. Les yé-yé affolent les plages. C'est l'épopée de la variété. Toute menue dans sa robe d'été, un gilet jeté sur les épaules, Andrée a des allures d'adolescente. « Dis-lui... », commence Claude François au milieu des hurlements de joie. Ce soir, elle a presque oublié la maison, ses dossiers : la vie peut sembler si légère, parfois ! Elle l'adore, Clo-Clo, elle l'écoute souvent à la radio. Si elle peut, tout à l'heure, elle le prendra en photo – elle le trouve beau, les yeux clairs, ses cheveux blonds lissés et la raie de côté. Là-bas, sur l'estrade, le chanteur continue de s'agiter, déroule son répertoire : « Si j'avais un marteau, je cognerais le jour, je cognerais la nuit, j'y mettrais tout mon cœur... » Quel succès ! À côté de sa mère, Nicolas sent son cœur qui bat. Il a tant et tant insisté qu'Andrée s'est laissé convaincre de l'emmener. C'est la première fois qu'il voit un artiste d'aussi près.

À neuf ans, son transistor branché au quotidien sur la fréquence d'Europe n° 1, il connaît les derniers tubes de ses idoles, dont il a scotché les posters sur les murs. Son premier vrai cadeau, c'est un électrophone gris et quelques disques, dont le dernier de France Gall qu'il écoute en boucle. Guillaume se moque de lui, parodie Johnny ? Qu'à cela ne tienne, le petit pousse le son, tourne le bouton, encore, plus fort, jusqu'à ce que son frère s'exaspère et tente de lui arracher le poste. Une claque, un coup de pied, les deux garçons se jettent à terre et roulent dans la poussière. L'ordinaire. Ce soir, dans la ferveur des spectateurs, Nicolas découvre le frisson de la célébrité, l'extase d'un regard, l'ardeur des mains qui se tendent. Il voudrait retenir chaque seconde, instant délicieux d'excitation... Soudain c'est terminé. Claude François envoie des baisers, le public l'applaudit à tout rompre. La salle commence à se vider. Andrée prend la main de son fils. Elle sort de son sac à main le petit appareil photo qu'elle y a glissé avant de quitter la maison, s'approche de l'estrade. Un peu hésitante, un peu intimidée, elle dit : « S'il vous plaît, je peux faire une photo ? » Le chanteur regarde la jeune femme, il voit le gamin, à côté, qui le dévore des yeux. Il sourit. « Si je m'assieds à la batterie, ça va ? » Clo-Clo arrange ses cheveux, prend la pose. Andrée appuie sur le déclencheur. Elle collera le cliché dans l'album de l'été 1964, entre deux instantanés des garçons.

La villa JanChouGuy, dont les Sarkozy occupent le dernier étage, appartient à la belle-mère de Fabienne Godlevski, qu'Andrée connaît depuis le cours Dupanloup. Élégante construction Belle

Époque, la villa JanChouGuy, du nom de trois enfants Godlevski, est devenue la villégiature attitrée d'Andrée depuis le départ de Paul, au printemps : « Viens t'installer pour le mois d'août, on s'occupera des enfants », a proposé Fabienne, elle-même mère de Brigitte – « Brigeton », disent les garçons – et de Muriel. L'aînée a l'âge de Guillaume, la cadette celui de Nicolas. Longtemps, elles seront les seules présences féminines dans l'entourage des fils Sarkozy. Trois cousines complètent la bande. Sans oublier Serge Danlos, le « quatrième fils » d'Andrée. « Tiens, les JanChouGuy débarquent ! » C'est toujours le même commentaire qui accueille la tribu lorsqu'elle déboule sur la plage. Les enfants accrochent les vélos, et puis direct à l'eau ! Certains matins, tout ce petit monde resterait bien à la maison. On jouerait aux cartes, ou au Monopoly, ou on traînerait un peu, après tout, ce sont les vacances ! Il n'en est pas question. Andrée est intraitable : « Dehors ! Allez prendre l'air. » Même quand il pleut, la baignade est imposée, jambes bleues et dents qui claquent. Il faut « en profiter », de ces étés en bord de mer, entre minigolf et concours de pétanque. « Dadu, il n'y a que des ploucs et des campings, dans ton Pontaillac ! », se moque la comtesse Danlos, installée dans une villa chic du Pyla, sur le bassin d'Arcachon.

Pour les enfants, la journée commence au club ABC. Gymnastique, ballon, animations, concours de déguisement. Une fois, François remporte le premier prix habillé en Bacchus, toge blanche et grappes de raisin à la taille. Andrée a enroulé autour de ses pieds du ruban doré, façon sandales romaines. Dans la rue, elle est fière d'entendre « C'est Bacchus ! » sur le passage de son benjamin, après le triomphe de la cérémonie de remise des prix. Guillaume en sultan n'a pas connu tel succès. Quant à Nicolas, il a son quart d'heure de célébrité à l'issue de l'atelier « maquillage corporel » : une tête de bonhomme dessinée sur le ventre, il pose en grimaçant pour la postérité, d'un blond presque blanc sous l'effet du soleil.

Ce Nico, pense Andrée en le regardant tordre du nez pour la photo, quel sale caractère ! Il râle, il boude, il passe son temps à asticoter son frère aîné, un adolescent aux jambes interminables. Guillaume, timide et rougissant, teste son charme auprès de lolitas en Bikini vichy qui prennent des poses et le regardent par en dessous. Le petit l'horripile, toujours après lui, qui veut partager ses jeux et ses copains. « Dégage ! », murmure le grand en le repoussant d'une chiquenaude, avant de s'éloigner sans un regard.

Nicolas serre les dents, mur de colère assis sur sa

serviette avec les genoux entre les bras. Il les déteste tous, ses frères, les filles, sa mère aussi, qui se moque gentiment de lui. Qu'ils aillent au diable, autant qu'ils sont. Il se lève d'un bond, disparaît en enfonçant les talons dans le sable brûlant. D'un coup de vélo, il rejoint le club hippique, son coin de paradis. Ce qu'il aime, ce n'est pas tant monter que s'occuper des chevaux, les brosser, les nourrir, nettoyer les boxes. Il s'est pris d'affection pour le vieux maître de manège, M. Bouille, un officier à la retraite aussi soupe au lait que lui. Il peut passer des heures à l'écouter grommeler, tandis que le commentateur du Tour de France s'égosille à la radio. « Vas-y, Poupou ! » braille le commentateur. Raymond Poulidor, toujours deuxième derrière Jacques Anquetil. Cinquante-cinq secondes d'écart en 1964. Quand il entend ces hurlements, Nicolas frémit : même pas besoin de fermer les yeux, il est au cœur du peloton, en danseuse sur son engin Gitane, les cuisses endolories, le souffle court, porté par la foule qui crie... Coureur professionnel, la belle vie ! Sur la plage, chaque matin, des grands construisent l'étape du jour sur le sable mouillé et font avancer des pelotons de petits cyclistes en plastique. Le journal *Sud-Ouest* distribue les casquettes du Tour. Dans le ciel, au-delà de l'horizon qui scintille, d'immenses banderoles publicitaires tirées par des avions balaient de leur ombre les corps des vacanciers.

Andrée lève un œil. Alanguie sur sa serviette, elle s'était presque assoupie. Avec elle, on rentre déjeuner quand on a faim, à l'heure où la température devient insupportable. Brigitte et Muriel ont disparu depuis longtemps : Mme Godlevski mère passe à table à midi trente, tenue correcte exigée. Le dîner est servi à vingt heures. La ponctualité est de rigueur. Silencieuses, les mains sur la table, les filles se disent qu'ils ont de la chance, les enfants Sarko, eux qui ont droit à l'apéro sur la plage et aux « crêpes parties » ! Elles ont déjà terminé de débarrasser qu'ils reviennent à peine, elles les écoutent brailler dans l'escalier, encore à se chamailler. Heureusement, l'aïeule est sourde – elle est bien la seule qui n'entende pas les disputes de Guillaume et Nicolas. Andrée a pris l'habitude d'asseoir Serge entre les deux au moment des repas. Serge, lui, a pris l'habitude d'esquiver les coups. Sitôt que le ton monte entre les frères, il se penche vers son assiette. Le nez dans son dîner, il continue à manger, tandis que ses camarades s'administrent une peignée dans son dos : pas question de lâcher la pince de langoustine qu'il vient à peine de commencer à décortiquer. Parfois, Serge choisit de reculer les épaules plutôt que d'avancer, selon l'orientation de la correction que Guillaume tente de faire subir à Nicolas. Mais s'il est plus petit, beaucoup plus petit que son frère, c'est

133

Nicolas le plus teigneux des deux : il n'hésite pas à se jeter sur son aîné, l'agrippe au paletot jusqu'à ce que l'autre, pris à la gorge, balance un poing pour s'en débarrasser. Un soir, la violence de l'affrontement laisse Serge Danlos sur le carreau, renversé sous la poussée des lignes adverses.

Benedict Mallah, parfois, vient passer quelques jours. Il arrive en klaxonnant, accompagné de la tante Suzanne. Passé le dernier tournant avant la maison, comme toujours, il sort le bras par la portière, indique sa direction en pointant l'index. Il se méfie du clignotant : le distingue-t-on vraiment lorsqu'on regarde la route ? Un geste de la main, c'est tellement plus simple et plus visible pour les véhicules qui vous suivent ! Nicolas, surtout, est heureux de l'accueillir : depuis que son père est parti, l'enfant a noué une relation particulière avec son grand-père, présence tranquille et rassurante. Des pique-niques géants sont mis en panier dans la matinée, déballés sur une grande nappe dans un sous-bois voisin. Nicolas demande au docteur Mallah des nouvelles de De Gaulle, pour lequel il partage l'admiration et le respect de Benedict. L'adulte et le petit discutent gravement. Certains sujets méritent tous les égards. Nicolas adore s'immiscer dans les conversations des adultes.

À Pontaillac, chaque âge a ses prérogatives. Le

dîner terminé, Muriel et Nicolas filent chez Quentin, le glacier, pour une dernière douceur avant le coucher. Les grands ont la permission de la nuit. Brigitte et Guillaume s'interpellent par les balcons, elle au premier, lui au second : « On y va ? » Ils roulent en vélomoteur, filent danser le twist au Rancho et au Scotch Club, trouvent le chemin du retour quand l'aube commence à poindre. Souvent, Guillaume s'arrête à l'étage des filles pour ne pas réveiller sa mère, et s'étend par terre sur une couverture. Mais Andrée Sarkozy veille, soucieuse de préserver à ses fils un avenir qu'ils se choisiront – elle en a connu, des « accidents », des mariages dans l'urgence qui promettent une vie de regrets. Guillaume et Brigitte sont les meilleurs amis du monde, pas l'ombre d'une ambiguïté, qu'importe : aucun garçon dans la chambre des filles. Trois heures, quatre heures, cinq heures, une mère a l'oreille fine. Elle guette le pas de son aîné dans l'escalier, descend en chemise de nuit le récupérer sur le palier du dessous. On n'est jamais trop prudente face aux premiers émois de l'adolescence.

De Gaulle, ce héros

19 décembre 1965. Benedict Mallah vient d'allumer la radio. Le docteur est inquiet de savoir

comment va s'en tirer ce François Mitterrand qui a mis de Gaulle en ballottage il y a quinze jours, au premier tour de l'élection présidentielle. À la stupéfaction générale ! Après tout, l'attentat des jardins de l'Observatoire n'a pas disparu des mémoires. On l'a dit monté de toutes pièces, en 1959, par celui qui prétend aujourd'hui incarner l'alternance au gaullisme. En tout cas ce « Mittrand », comme prononce le speaker, candidat de l'Union de la gauche sous l'étiquette FGDS (Fédération de la gauche démocrate et socialiste), a réussi un beau coup : fragiliser la figure du Commandeur, la personnification de la pérennité de l'État. Pourtant, durant la campagne, les commentaires étaient clairs : François Mitterrand n'avait pas l'envergure, malgré sa brillante carrière ministérielle – à l'Intérieur dans le gouvernement de Mendès France, à la Justice sous Guy Mollet. Or, le voilà qui perd avec un peu plus de 45 % des suffrages, et au second tour encore ! Décidément, les Français sont surprenants.

Ce soir, Nicolas est descendu s'asseoir à côté de son grand-père pour écouter les nouvelles. Il n'a que dix ans, mais il partage toutes les passions du vieux monsieur. Le grand homme de son grand-père s'appelle de Gaulle ? Celui de Nicolas aussi. Et ce qui intéresse papy le concerne tout autant. Il n'est pas question de politique, c'est une affaire de valeurs : le docteur Mallah voue une indéfectible fidélité au héros de la Libération, au combattant résolu qui lança l'appel du 18 Juin. Pas besoin d'une carte ni d'un parti pour admirer le général qui remonte les Champs-Élysées les jours de fête nationale, 11 Novembre, 14 Juillet. Ces matins-là, au milieu d'une foule qui se lie dans son silence, papy Mallah hisse le petit Nicolas sur ses épaules. Ombre à deux têtes, ils suivent des yeux le lent défilé des forces armées et républicaines que rythment les roulements d'une musique militaire. Les blindés, l'infanterie, les tirailleurs, la Légion, l'enfant a appris à tous les identifier. Il est fier de partager le monde de son grand-père, où des hommes ont sacrifié leur vie au nom de la patrie. Il a soif de tendresse, d'attention, rassuré au plus profond de lui-même par l'affection qu'il perçoit dans son regard quand ils se penchent ensemble sur les pages des albums de timbres. Benedict Mallah déroule l'histoire de France et les conquêtes coloniales en effeuillant le papier cristal. Nicolas tient sur ses genoux sa propre collection, qu'il a couru chercher pour montrer ses progrès. Parfois, après la consultation, ils partent main dans la main jusqu'au square Marigny, où les collectionneurs monnaient leur marchandise à prix d'or. Ils reviennent avec des trésors, papillons de papier multicolores et fragiles. Ces vignettes dentelées, oblitérées du bout du monde, effacent les turbulences de la fratrie et l'incertitude des lendemains.

Les voyous du lycée Chaptal

En septembre 1966, Nicolas entre en sixième. Catherine Danlos, lassée d'expliquer à son fils que le Christ n'a pas multiplié les pains ni marché sur l'eau, a convaincu Andrée de tenter avec elle l'expérience de l'école publique. Elles inscrivent Serge et Nicolas au lycée Chaptal, boulevard des Batignolles. L'établissement surgit dans les fumées grises qui montent de la voie ferrée, où des locomotives à charbon gémissent en arrivant gare Saint-Lazare. L'architecture de la façade du lycée Chaptal, monumentale et biscornue, mélange les briques, les corniches en dents de scie, la terre cuite ajourée, le fer forgé soigneusement ouvragé et les reliefs sculptés. Environ deux mille élèves se bousculent chaque matin devant l'imposante porte aux battants de bois, encadrés à l'intérieur par une discipline quasi militaire : à l'origine, les chaptaliens préparaient l'École de guerre. Il n'y a pas longtemps que le double C entrecroisé, « Collège Chaptal », ne frappe plus les guêtres de bottines militaires. Un soulier crotté ? Quatre heures de colle. Un cahier non signé ? Même punition. Un élève trop bruyant ? Encore collé. La sévérité des professeurs à l'intérieur contraste avec le laxisme de la surveillance à l'extérieur : quelques mètres à peine devant l'entrée du lycée, sur le terre-plein des Batignolles, à la sortie du métro Rome, c'est la cour de récré délocalisée. On chahute, on joue au foot, on se tape dessus, on se poursuit – on exulte. Nicolas perd une année, grisé par tant de liberté. Il est à peine entré qu'il est déjà dehors : il lui manque un devoir, il ne sait pas la leçon, il n'a pas appris sa récitation. Qu'importe, ici, au moins, il a des copains. C'est la révélation – l'écolier studieux découvre le bonheur des cancres, le temps qui passe au fond de la classe, le plaisir de ne rien apprendre, la douceur de se laisser vivre ! Catastrophée par les nouvelles fréquentations de son garçon, des « voyous » de banlieue qui jurent, prompts à la castagne et aux échappées, Andrée Sarkozy se dépêche de rappeler le directeur de Saint-Louis-de-Monceau.

Vite fait bien fait, elle rapatrie son cadet en terrain sûr ; il redouble sa sixième dans le privé, où des maîtres attentifs reprennent en main sa scolarité. Le proviseur en personne veille à remettre Nicolas dans le droit chemin. Le gilet sanglé sur un ventre légèrement bedonnant, l'allure sévère dans son costume trois-pièces, M. Desprez incarne l'autorité. Il sait discipliner les plus écervelés, faire rentrer dans le rang les plus récalcitrants. Il connaît toutes ses têtes, blondes ou brunes, le cheveu bien dégagé derrière les oreilles : « Sarkozy ! Passez devant ! » lance-t-il. Nicolas n'a pas le choix. Il file doux, évite les heures de punition à genoux les mains sur la tête. Cette année, il n'aura pas la médaille du « meilleur espoir pour l'avenir », celle que le directeur remet solennellement aux enfants méritants sur la scène du cinéma de la rue Marbœuf. Tous les lundis matin, il remplit son bulletin de confession sur du papier marron. « Fais comme ton frère », répète le professeur principal.

Guillaume, l'élève modèle, toujours cité en exemple. Excellent en math, bien élevé, discipliné, chef de classe, studieux au catéchisme et premier servant de messe. À Saint-Louis, c'est son titre de gloire. Plus grand que tous les autres dans son aube blanche, il fait claquer deux plaquettes de bois entre ses paumes pendant l'office, et quarante enfants de chœur se mettent en rang. Un dimanche matin, la troupe se transporte à Saint-Philippe-du-Roule, en présence de centaines de paroissiens tirés à quatre épingles et habitués des grands-messes. Guillaume aime diriger, construire. Il rêve de devenir militaire, ou ingénieur, de bâtir des routes sous des ponts. Le contraire de Nicolas, qui n'a aucune idée de ce qu'il fera plus tard.

À l'heure de la récréation, des silhouettes en pull-over et culotte grise jouent à la paume, une balle en caoutchouc qu'on lance avec la main. La cravate est obligatoire : pour avoir laissé son fils porter le col roulé, Catherine Danlos a été convoquée. Aucun laisser-aller ne saurait être toléré.

Les parents doivent être satisfaits. « Pas trop de mauvaises notes, hein, Krivine, sinon, ils vont me l'enlever pour le mettre à Saint-Louis-de-Gonzague... », répète le directeur, évoquant le cours concurrent, au tout jeune professeur d'histoire qu'il vient de recruter, Alain Krivine. Membre actif de l'Union des étudiants communistes, Krivine a trouvé ce poste par hasard et l'a accepté à mi-temps pour continuer à militer. Il n'est ni bourgeois ni catholique : lorsque le prêtre vient dire la prière dans la classe, chaque matin, il se tient en retrait, debout à côté du tableau noir. Au premier rang, Guillaume Sarkozy communie sagement. Ce qui l'amuse, Krivine, c'est qu'à force d'entendre le Notre-Père, il le connaît par cœur. Lui, le révolutionnaire, l'insoumis ! Il n'est là que depuis trois mois mais il est déjà lassé de ces élèves qu'il juge prétentieux et souvent odieux : « Mon père téléphonera », entend-il dès qu'il colle une note médiocre. Il quitte Saint-Louis-de-Monceau dès la fin de l'année scolaire.

1968

De Gaulle a disparu ! Le pays est en émoi. Ce 29 mai 1968, c'est la vacance à la tête de l'État. Hier encore, François Mitterrand, son adversaire malheureux à l'élection présidentielle, réclamait, au nom de l'opposition, un gouvernement provisoire. Ce matin, le président a tout simplement annulé le Conseil des ministres avant de quitter Paris. Depuis, la France est sans nouvelles de lui, alors que la contestation étudiante a pris des allures d'insurrection : le Quartier latin est en état de siège, de nouvelles barricades sont dressées tandis que des carcasses de voitures incendiées, squelettes de métal noirci, sont évacuées petit à petit. Dire que tout a commencé à la fac de Nanterre, où les garçons réclamaient l'accès à la résidence universitaire des filles !

Figure de proue de cette contestation de l'autoritarisme institutionnel, Daniel Cohn-Bendit se voit convoqué devant un tribunal universitaire. Le mouvement s'étend alors à la Sorbonne. Dans la rue, les affrontements sont violents, scènes de guérilla urbaine : les reportages que diffusent les journaux télévisés se suivent et se ressemblent, des policiers casqués jettent des grenades de gaz lacrymogène sur les manifestants, d'autres lèvent le bouclier pour évi-

ter les pavés descellés qui viennent s'écraser à leurs
pieds. Un foulard sur le nez, des silhouettes surgis-
sent en toussant des nuages de fumées, et l'explosion
des grenades offensives succède au sifflement des
lacrymogènes. La brutalité de la répression fait pen-
cher l'opinion en faveur des étudiants. La grève
générale, déclenchée le 13 mai par les syndicats,
paralyse le pays. Georges Pompidou a interrompu
un voyage officiel de Premier ministre en Afghanis-
tan pour tenter de régler le conflit, mais la situation
s'enlise. Les négociations ont échoué, malgré la
réouverture de la Sorbonne. Et le départ impromptu
du général plonge le gouvernement dans le plus
grand désarroi. Pendant quelques heures, le pouvoir
vacille. Soudain, l'histoire lui redonne la main. Charles de Gaulle réapparaît : il était à Baden-Baden, où
il s'est s'assuré auprès du général Jacques Massu du
soutien de l'armée. Dans la soirée, il a quitté l'Allemagne pour regagner Colombey-les-Deux-Églises.
À quinze heures, le jeudi 30 mai, la radio diffuse son
discours : il annonce la dissolution de l'Assemblée
nationale et exclut de se retirer, considérant qu'il est
seul détenteur de la légitimité démocratique. Au
même moment, une marée humaine défile en criant
son soutien au chef de l'État : organisé par André
Malraux et Michel Debré, le cortège remonte les
Champs-Élysées en agitant des drapeaux tricolores.

Longtemps après le départ, une foule compacte converge encore vers la place de l'obélisque, qui déboule de la rue Royale, de la rue de Rivoli et du pont de la Concorde en scandant « Contre la chienlit ! », « Contre l'anarchie ! ». Les passants applaudissent un jeune homme qui escalade le pub Renault pour planter les trois couleurs au balcon du premier étage. Une photo immortalise Malraux et Debré, main dans la main devant la flamme du Soldat inconnu. La République a tenu.

Nicolas Sarkozy enrage. Depuis midi, il n'a pas pu quitter le cours Saint-Louis, interdit de sortie par le directeur : M. Desprez a veillé personnellement à ce que le jeune Sarkozy ne disparaisse pas dans la nature aujourd'hui. La gorge serrée, il chiffonne le morceau d'étoffe bleu-blanc-rouge qu'il a glissé dans sa poche avant de quitter la maison, donne de grands coups de pied dans le vide. En ce moment, les partisans du général avancent sans lui. Hier soir pourtant, il s'est couché le cœur battant : le cortège, il l'a dans la tête, il est déjà dedans, il l'entend. Il imagine l'avancée solennelle sur la plus belle avenue de Paris, les badauds conquis par cette force en mouvement. Sa première vraie manifestation ! Tous les jours, depuis le début du mois de mai, il suit les informations, l'oreille collée au poste à côté de papy Mallah. Il a écouté le message des Comités pour la défense de la République, montés à l'initiative du président et qui ont appelé à soutenir dans la rue l'action du chef de l'État. Le désordre et la confusion inquiètent le docteur, qui sent venir la fin d'un monde. La France des traditions plie sous la poussée d'une nouvelle société avide de libertés.

Cette fois, c'est décidé : Nicolas va défiler ce 30 mai. L'intransigeance de M. Desprez le met hors de lui. Il n'a que treize ans. Son impuissance ne lui a jamais tant pesé. Le fils n'en sait rien, mais c'est Andrée elle-même qui a téléphoné au proviseur pour le supplier d'être vigilant : il n'est pas question que le petit participe à la manifestation. Elle l'a vu, ce matin, qui dissimulait un drapeau dans son poing fermé. Elle les a entendus, elle aussi, les admirateurs du général, lancer des appels à les rejoindre cet après-midi. Trop excité par les promesses de l'aventure, Nicolas n'a pas perçu la surveillance de sa mère. La politique, pourtant, il sait qu'elle s'en méfie : la brutalité des dernières images qu'elle a vues l'a horrifiée, les bagarres, la menace physique, l'agressivité des policiers. Son petit garçon, dans ce climat d'insurrection ? Elle est catégorique. Hors de question ! Mais elle le connaît, son fils, sa détermination, son caractère de cochon – il suffit qu'elle interdise pour qu'il se braque. Elle est lasse, parfois, de se battre contre un visage fermé, un front buté.

Benedict Mallah ne lui sera d'aucune aide, Andrée s'inquiète même qu'il prenne le parti du gamin contre son avis. Alors, comme lorsqu'il avait fallu éloigner Nicolas des mauvaises fréquentations nouées à Chaptal, elle téléphone à Saint-Louis-de-Monceau. « Monsieur Desprez, je compte sur vous, vous êtes le seul, à vous il obéira, assurez-moi qu'il n'ira pas... » M. Desprez s'est engagé. Pour lui, pour tous ceux dont il a la responsabilité, le 30 mai est une date ordinaire, anodine. La ferveur de l'engagement lui est étrangère, la clameur qui monte du cœur de Paris ne le touche pas. « La politique, Sarkozy, vous aurez bien le temps d'en faire quand vous aurez terminé vos études ! »

L'année d'émeutes n'est pas terminée. Pour la première fois depuis la Hongrie douze ans plus tôt, un pays frère met en cause le totalitarisme du système communiste. C'est le printemps de Prague : à la tête du PC tchécoslovaque, Alexander Dubček critique les erreurs commises, les méthodes répressives, le mépris des droits de l'homme, la rigidité du système et les abus de pouvoir. L'espoir est immense. Mais dans la nuit du 20 au 21 août 1968, l'Armée rouge envahit la Tchécoslovaquie. En quelques heures, les chars soviétiques écrasent le « socialisme à visage humain ». Dubček est débarqué, vite remplacé par une nouvelle direction soumise au diktat de Moscou. À Paris, quelques manifestants crient leur colère, dénoncent un déni de démocratie : la hantise du communisme brûle dans les veines de la bourgeoisie française, qui voit les blindés de l'Est à sa porte si le PC triomphait dans les urnes.

Ce jour-là, un fils Sarkozy défile contre « l'obscurantisme » : c'est Guillaume, plus attaché que ses frères à l'histoire de leur père. Il n'a pas vu passer le mois de mai, plus soucieux de ses examens et de ses conquêtes féminines que des revendications de la « chienlit ». La semaine, après le lycée, il retrouve Brigitte Godlevski rue Fortuny, pour perfectionner leurs techniques de rock. Le week-end, quand il ne monte pas à cheval, il sort danser avec ses amis les plus fortunés. Guillaume Sarkozy écume les rallyes, ces soirées qui servent d'écurie pour la course au mariage entre gens de bonnes familles. La Ve République peut vaciller, de Gaulle tergiverser, voilà bien le cadet de ses soucis. Le grand homme, le vélo, le foot, la chanson française : les passions populaires de son cadet l'ennuient. C'est un bosseur, il veut réussir. Son avenir, il l'a déjà tout écrit : math sup, math spé, il passera des concours, intégrera une grande école, Polytechnique ou Navale. Puis il fera un beau mariage. Une femme qui plaira à sa mère.

Guillaume n'aime pas les intellos. Les « barbudos » déguisés en Che Guevara, les « trostkos », les

« maos », les fils de bourgeois qui s'établissent ouvriers dans les usines... très peu pour lui. Il se préfère en patron, limousine, chauffeur et chaussures sur mesure. Il n'a jamais pu terminer la lecture du *Capital*. Nostalgique de la Russie blanche et des têtes couronnées, il se retrouve dans les romans d'Henri Troyat, ces pavés littéraires dont le souffle historique l'exalte. Dans les dîners, on apprend vite qu'il déteste les « socialo-communistes » : ce sont les mêmes, jure-t-il, qui ont arraché Paul Sarkozy à la Hongrie et agité ses cauchemars d'enfance, ombres funestes et oppressantes tapies dans un coin du passé. Le combat hongrois, pense-t-il, vaut d'être mené, lien ténu d'un homme à l'autre, reconnaissance de paternité.

Nicolas ne suit pas. Ce père absent l'exaspère, il ne lui doit rien. Il se défoule sur son vélo. Un jour, Violette de Feuillade, la plus ancienne amie de sa mère, le voit rentrer exténué du bois de Boulogne : « J'ai fait cent tours de bois ! » Avec son copain Serge Danlos, ils vont au foot et à Auteuil, où ils chronomètrent leurs performances de cyclistes. Entre connaisseurs, on discute vitesse et pédaliers, on compare, on enchaîne les parcours. On parle du Tour de France, aussi : cette année, l'abandon de Raymond Poulidor, l'éternel second, a décapité l'équipe française. Une main sur le guidon, les passionnés se remémorent, encore et encore, l'échappée victorieuse de Pingeon, entre Font-Romeu et Albi, cent quatre-vingt-treize kilomètres à quarante kilomètres-heure de moyenne malgré le vent défavorable, et l'héroïque défense de Poulidor, sérieusement blessé. Sa chute, provoquée par une moto au cours de l'étape, l'a contraint à renoncer à Aurillac, alors qu'il avait pris une option sur la victoire. Autour de l'hippodrome, on soupire en hochant la tête. À la maison, Nicolas regarde beaucoup la télévision, surtout le sport et les variétés. Les Shadocks ont fait leur apparition derrière le petit écran, occupés à pomper. Sur l'électrophone gris, désormais, Christophe crie « Aline ! » pour qu'elle revienne, Hervé Villard jure qu'il n'ira plus à Capri... Le 31 octobre, la dissolution d'Occident est prononcée par le ministre de l'Intérieur. Dans son allocution pour 1969, dont il ne sait pas encore qu'elle sera une « année érotique » célébrée en duo par Serge Gainsbourg et Jane Birkin, le général de Gaulle fait un vœu : « Portons donc en terre les diables qui nous ont tourmentés pendant l'année qui s'achève. »

Andrée avocate

Le 10 novembre 1971, le général quitte la Boisserie sous un linceul tricolore. La France s'est arrêtée. Les écoles sont fermées, les drapeaux sont en berne. Une minute de silence doit unir des millions de Français dans un même regret. Un peu plus d'un an après avoir abandonné le pouvoir par une porte dérobée, victime d'un référendum qu'il avait lui-même réclamé, Charles de Gaulle a droit à des funérailles nationales, retransmises depuis Colombey-les-Deux-Églises. La *Marseillaise* et la sonnerie aux morts retentissent dans le pays. Rue Fortuny, Nicolas et Benedict Mallah sont affligés. Les autres profitent d'une journée de congé.

Andrée a dépassé la quarantaine. Dix ans déjà qu'elle assume son célibat. Pour rien au monde elle ne vivrait autrement ! Finie, la mise au ban de la femme abandonnée : Woodstock et Mai 68 ont célébré l'avènement de la liberté absolue, parenthèse enchantée, si vite refermée... Dans l'île de Wight, quatre cent mille spectateurs ont écouté les Who, Joan Baez, Leonard Cohen et Donovan. Ensuite, ils se sont baignés. Ils étaient nus et ils étaient heureux. À Saint-Tropez, la mode des seins dénudés balaye la pudeur. Les femmes portent le paréo noué autour des hanches, elles ont lâché leurs cheveux. Les hommes exhibent des poitrines musclées, la fesse bien prise dans un short en jean qu'ils ont barbouillé du signe de la paix. Entassées dans leur Renault 12, la valise sur le toit, les familles font route vers l'Espagne de Franco et ses rivages moins dévergondés. La vague topless a même touché les plages de Pontaillac. Au Scotch Club, au Rancho, chauds les slows de l'été ! « *Zag Warum* », fredonne Guillaume, pantalon pattes d'éph et pull étriqué. Le sable sent le monoï. Les amazones se parfument au patchouli.

Paul est devenu un chef d'entreprise, à la tête de plusieurs dizaines d'employés. Marié pour la troisième fois, il a une fille et un garçon. Andrée les a pris sous son aile. Sa façon d'être fidèle à des amours anciennes, sans doute. Elle organise les rencontres à Neuilly. « Il faut bien que ces enfants se connaissent... » Paul ne trouve rien à redire, au contraire. « Quelle chance, l'indépendance ! », songe Andrée Sarkozy en fermant la porte derrière lui. Guillaume, Nicolas et François ont grandi, elle profite de sa liberté. Le week-end, elle est à Cabourg, dans la propriété de ses amis Violette et Tanneguy de Feuillade. Pour les vacances, elle descend dans le sud de la France, chez les Hauvette, ou au Pyla chez les Danlos. Toujours célibataire : « Quel bonhomme pourrait supporter tout ça ? », constate-t-elle, dans le tourbillon incessant de ses fils. À Paris, elle sort, elle reçoit. Fréquente ses confrères.

Elle est devenue avocate. À trente-cinq ans, elle a réalisé son rêve de jeune fille ! Au prix de longues soirées studieuses et de vacances écourtées. « On n'a rien sans rien », répète-elle, pragmatique. Elle renoue avec ses anciens compagnons de banc. Des amis l'aident à s'installer. À peine a-t-elle prêté serment et s'est-elle inscrite au barreau de Paris que Robert Farré, copain de longue date de Paul Sarkozy, l'engage dans son cabinet. Toulousain volubile et macho, maître Farré admire Jean-Louis Tixier-Vignancourt, avocat lui aussi, ancien notable de Vichy et candidat de l'extrême droite à l'élection présidentielle de 1965. Proche des anciens putschistes d'Alger, les « généraux félons », Farré défend toujours l'Algérie française, huit ans après l'indépendance. Andrée, petite main du cabinet, apprend son métier. Les heures d'attente dans les prétoires, les dossiers interminables à potasser le soir ne la rebutent pas. Elle rentre épuisée des longues audiences jargonnantes, où elle bataille contre des magistrats endormis. C'est elle qui récupère les contentieux et les affaires civiles, des dossiers qui ne demandent aucun effet de manches et ne font jamais une ligne dans la presse. Andrée passe ses journées dans les couloirs mal chauffés des tribunaux d'instance. Parfois, elle écope d'un dossier pénal dont personne ne veut au cabinet. Guillaume l'accompagne à la Santé où elle s'entretient avec son client, petit escroc tatoué ou voleur à la tire.

Ce n'est pas exactement la carrière qu'imaginait Andrée Mallah du temps de l'affaire Violette Nozière. Qu'importe, elle est fière dans sa robe noire à jabot ! À la ville, elle a choisi le tailleur-pantalon, qu'elle accommode de ses mocassins plats. Sa nature n'est pas à l'extravagance. Robert Farré ne rechigne pas à exploiter ses collaborateurs. Andrée Sarkozy s'en agace, elle qu'indiffèrent les relations entre son patron et les anciens de l'OAS. « La politique et moi, soupire-t-elle, qui a toujours voté comme son père, ça fait deux. »

Neuilly

Vingt pièces d'or cousues dans une chaussette. L'héritage de papy Mallah tient dans le poing de son petit-fils, que le désespoir crispe sur le trésor. Vingt dollars américains pour chacun des garçons, disposés en rouleau dans le tricot, voilà tout ce qu'il reste à Nicolas de ce grand-père tant aimé, dont la tendresse a adouci la cruauté du monde de l'enfance. Il a dix-huit ans. C'est sa première vraie douleur, de celles qui vous ravagent le cœur et vous laissent hébété de chagrin dans les lueurs d'une aube grise. Il n'a pas souvenir du divorce de ses parents, malgré la violence du sentiment d'abandon. La mort du docteur Mallah marque le deuil des jeunes années : il va falloir affronter la vie sans lui.

Ses frères, eux aussi, sont inconsolables. François, frappé au seuil de l'adolescence, promet gravement qu'il deviendra médecin comme son grand-père. Guillaume, tout juste majeur, endosse le rôle de chef de famille. Il tente d'égayer la maisonnée. Un jour qu'il déambule quai de la Mégisserie, près de la Samaritaine, il tombe en arrêt devant une boule de poils. L'animal lance des œillades derrière une vitrine en se roulant dans la paille d'une niche rudi-mentaire. L'aîné des Sarkozy revient rue Fortuny en serrant sous son bras la petite chienne Virginie. Andrée est enchantée. Avant la guerre, elle avait adoré un boxer que lui avait offert son père. Avec l'argent laissé par Benedict, Guillaume s'offre une Porsche, vieille guimbarde de collection dont il ne prend pas grand soin. L'automobile finit sa course à Orgerus. Lorsque la maison sera mise en vente, Andrée sommera son fils de dégager l'engin. Retenu à Paris par un premier boulot sérieux, Guillaume délègue Nicolas pour toper l'affaire avec le gara-giste : « Je te donne la moitié de ce que tu la vends ! » Le cadet brade la Porsche à cent francs, dont cinquante partent immédiatement au fond de sa poche. Guillaume jure, mais un peu tard, qu'on ne l'y prendra plus. Nicolas a placé son pécule en lieu sûr. Des deux, c'est Guillaume le panier percé.

Le propriétaire de l'hôtel particulier où Benedict et Adèle s'étaient installés il y a presque quarante ans, pressé de voir partir la famille, offre aux filles du locataire une confortable indemnité pour quitter les lieux. Andrée n'a pas le cœur de résister. Le cabinet médical est fermé, la maison semble immense, déserte, sinistre. Le téléphone continue de sonner. Personne ne décroche plus. Au bout de la ligne abandonnée, des patients fidèles au vieux médecin qui travaillait encore la veille de sa mort, à quatre-vingt-un ans. Pour redonner vie à cette maison, il faudrait tout transformer. La chaudière, les meubles, les peintures, rien n'a bougé depuis deux décennies, jusqu'au monte-plats poussif qui relie la cuisine en sous-sol à la salle à manger. Le moindre bibelot rappelle le passé, les disparus. Sans ses parents, sans Paul, les souvenirs sont devenus nostalgie.

Andrée tombe malade. Rien de grave, une grippe au cœur de l'hiver, mais elle la cloue au lit, l'empêche de sortir et lui fait mesurer le silence. Tristesse garantie à tous les étages. Qu'il fait froid, désormais, rue Fortuny ! Elle feuillette *Le Figaro*, remarque une petite annonce. À vendre, grand appartement, clair, Neuilly. Pourquoi pas ? Fabienne Godlevski, l'amie fidèle du cours Dupanloup, habite à deux pas. « Viens voir », l'encourage-t-elle. Andrée visite l'appartement avec François et revient enthousiaste. De la lumière, enfin ! Guillaume, snob comme un Parisien des beaux quartiers, s'oppose de toute sa taille. Pas question de s'éloigner de la Plaine Monceau ! Ses frères sont ravis de bouger. Ce sera donc Neuilly, où les Sarkozy arrivent en 1973. Un appartement de cinq pièces dans une résidence sur l'avenue Charles-de-Gaulle, avec vue sur les tours de la Défense et les embouteillages. À droite, Kasparian le glacier, à gauche, Hermès le fleuriste. Le quartier n'est pas aux belles avenues ombragées et aux hôtels particuliers à double entrée, avec porte de service réservée à la domesticité. Mais c'est Neuilly, ses élégantes désœuvrées, ses bonnes en uniforme et ses voitures à vitres fumées. Andrée s'offre des boucles d'oreilles Chanel et se fond dans le décor. Il faut s'intégrer.

Depuis la mort de son père, elle assume seule une charge financière qui reste élevée. Les garçons sont encore étudiants ! Paul donne parfois des nouvelles, mais toujours peu d'argent. Andrée a trouvé une place de collaboratrice dans un cabinet d'avocats à l'ancienne, avenue Marceau. Elle est appréciée pour son entrain, sa gaieté, sa gentillesse. On lui pardonne

des erreurs qui vaudraient à un débutant d'être
débarqué sur-le-champ : confondre tribunal de
grande instance et tribunal d'instance, c'est impar-
donnable ! Par sa faute, le délai est passé, le client
doit ravaler sa plainte. Son patron s'arrache les cheveux et passe l'éponge. Dadu, comme on l'appelle
aussi au cabinet, est charmante. Bientôt, elle s'ins-
crira au barreau des Hauts-de-Seine et travaillera à
son compte, spécialisée dans les ventes judiciaires au
tribunal de Nanterre. Pas toujours excitant, mais
très rentable. Il faut bien nourrir ses trois grands
gaillards. Andrée, décidément philosophe, apprécie
les aphorismes : « Il y a un prix à payer pour chaque
chose. » Chaque matin, fascinée, elle continue d'éplu-
cher les pages faits divers et justice de *France-Soir*. Sa
carrière de pénaliste est plus que compromise.

Guillaume termine son école d'ingénieur des travaux publics, Nicolas est en première année de droit
à Nanterre. Quant à François, petit dernier si bril-
lant, si facile, sa mère n'a pas d'inquiétude : ce sera
un jeu d'enfant de l'inscrire à Sainte-Croix, l'institution phare de Neuilly. Ici, pas de laisser-aller. Jeans
et baskets sont proscrits, on pratique un tri social
efficace et discret. Andrée, sûre d'elle, déploie tout
son charme auprès du père supérieur, qui lui rappelle Paul Newman. Le religieux reste de marbre,
prononce l'indicible : « Votre fils n'a pas le niveau

requis pour notre établissement. » Pas le niveau !
Alors qu'il sort de Saint-Louis-de-Monceau !
Mme Sarkozy est mortifiée. Le cours, un ancien
hôtel particulier des Années folles qui vient d'être
vendu à un promoteur immobilier, n'était donc pas
la pépinière rêvée. La déconvenue est cruelle, mais
vite effacée. Andrée inscrit son dernier-né dans le
public, au lycée Pasteur. Le meilleur de France, lui
a-t-on assuré. À la rentrée, tout est rentré dans l'ordre. Guillaume finit par s'acclimater à Neuilly, les
rallyes du bois de Boulogne n'ont rien à envier à
ceux du parc Monceau. La bourgeoise est la même
partout, il en connaît les codes, à défaut d'avoir l'assurance que donne la promesse d'un futur héritage.

À Neuilly, il faut savoir danser et jouer au bridge
pour avoir une chance de séduire un beau parti. Les
grandes familles rivalisent de fortunes, de titres.
Comment prétendre au rang de concurrent ?
Andrée veille. Elle établit des listes avec ses amies,
répertorie les fiancées dotées d'un pedigree avantageux. Pour ses fils, maman Sarkozy se découvre
l'âme d'une marieuse. Guillaume la satisfait. Il fréquente Sylvie Vever, une jeune fille froide et sévère
de la haute bourgeoisie du Nord. Ils se sont connus
à quinze ans, sur la plage de Pontaillac. Son père,
polytechnicien, possède une usine dans le Nord, le
Tissage de Picardie. La famille habite à Paris un

immense appartement avenue Georges-Mandel, passe ses vacances dans sa villa de Saint-Jean-de-Luz. La routine.

Nicolas inquiète davantage sa mère. Il déteste les soirées compassées, les contraintes, les mondanités. Ne pas couper la salade avec un couteau, ne pas se resservir de fromage, oser le baisemain aux futures belles-mères... les conventions l'ennuient. Il refuse de suivre son frère aîné dans ces soirées trop guindées où, explique-t-il à Andrée, « on est obligé d'inviter les moches à danser ». Plus que jamais, il choisit le foot, la télé et la variété. À l'annulaire de Guillaume, la chevalière aux armes de la famille, offerte par son père pour ses dix-huit ans. La fameuse bague en obsidienne rééditée pour chacun des fils, l'aîné des Sarkozy la porte. Nicolas, lui, a perdu la sienne. Le passé ne l'intéresse pas, même celui de sa propre famille.

Nicolas

Nicolas paraît transformé : plus souriant, moins turbulent, le gamin au caractère de chien est devenu un jeune homme. Les relations avec son aîné restent tendues mais ses premiers succès d'homme ont calmé ses angoisses. Il est petit, qu'importe : il séduit. Le téléphone sonne souvent pour lui. Danseur assidu, il est toujours invité aux boums organisées l'après-midi. On ferme les rideaux et on envoie les slows, ça commence les mains sur les hanches et ça finit la tête sur l'épaule. Un regard appuyé, le frisson des corps qui se frôlent, un baiser, volé ou donné, autant de cœurs à séduire que de corps à conquérir – Nicolas n'a rien perdu de son appétit. Il veut vivre les mille vies que lui offre cette incroyable liberté des mœurs, droit venue d'outre-Atlantique, avec la pilule. Comme toute une génération avec lui, le cadet des Sarkozy est fasciné par les États-Unis. Au volant d'une Rolls blanche, Johnny Hallyday promène en France le « Johnny Circus », show à l'américaine avec manèges, chapiteau, podium et caravanes. Un gouffre financier ! Claude François part à Detroit, USA, où il enregistre *C'est la même chanson* dans les studios de la Tamla Motown. Conquis par les pom-pom girls, leurs paillettes et leur chorégraphie, le chanteur invente les Clodettes. Sur l'air de *Un lundi au soleil*, écrit pour lui par un compositeur suisse totalement inconnu, Patrick Juvet, Clo-Clo sautille et mouline des bras. Il donne le tempo à quatre danseuses scintillantes, à moitié nues dans leur justaucorps largement échancré, et qui présentent en creusant les reins leurs fesses magnifiques. Joe Dassin salue les amoureux et l'in-

souciance des liaisons sans conséquence, « tout simplement sans penser à demain, à demain, qui vient
toujours un peu trop vite, aux adieux, qui quelque-
fois se passent un peu trop bien ».

Il y a les filles, et puis il y a le sport. À moins que ce
ne soit l'inverse ! La dernière semaine d'août 1972,
Nicolas quitte le nid maternel pour la première fois,
direction Munich et les Jeux olympiques. La République fédérale d'Allemagne de Willy Brandt tente
d'effacer le souvenir des Jeux de Berlin présidés par
Hitler en 1936. Nicolas Sarkozy voyage en train, tandis que son ami Serge Danlos, passionné lui aussi, le
rejoint au volant de sa vieille 4 CV. Les deux garçons
n'ont pas un sou. Ils profitent de l'hospitalité de la
famille de Paul Sarkozy, ses frères et sa mère
Kotinka, installés en Allemagne après avoir quitté la
Hongrie. L'un des oncles est devenu architecte, l'autre, dans la tradition familiale, travaille pour la muni-
cipalité. Kotinka s'active dans sa société de taxis. La
branche munichoise et la parisienne se croisent
rarement.

Les relations entre Nicolas et son père se sont
vaguement réchauffées. Nicolas n'a rien voulu garder du flamboyant Hongrois, mais il se sent un peu
chez lui à la table de ces gens qu'il ne connaît pas :
la nourriture lui est familière, l'accent sonne doux à
son oreille. Leur manière de rouler les *r* et de trin-

quer, leur exubérance aussi, rappellent à sa mémoire des bribes d'instants heureux, pièces égarées dans des coins sombres de son esprit et dont il peine à reconstituer le puzzle. Le fils pourtant n'entretient aucune illusion : ses études, il faudra qu'il les paie de sa poche. Il n'a pas d'idée bien arrêtée sur son avenir. Et s'il se lançait dans le journalisme, pour courir le vaste monde ? Andrée le pousse à faire son droit, à passer le certificat d'aptitude au métier d'avocat : « Tu travailleras avec moi, au début ça t'aidera... »

En attendant, Nicolas et Serge écoutent sans les comprendre des convives qui s'interpellent en hongrois : quelques verres et un match de water-polo entre deux pays de l'Est ont délié les langues. Très vite, les deux invités ont cessé de s'attarder à l'appartement, même par simple politesse : celle-ci laisse leurs hôtes totalement indifférents. Lorsque leur estomac crie famine, les garçons déboulent avec des mines affamées. Le repas avalé, retour au stade ventre à terre. Perchés sur les gradins, ils profitent à plein des performances des athlètes. Le bonheur, pour eux, c'est du temps gagné au chronomètre. Le dimanche 3 septembre, Serge reprend la route de Paris. Tout seul dans sa guimbarde, il met quarante-huit heures pour traverser le pays. En arrivant chez lui, il découvre l'attentat perpétré dans l'enceinte olympique par les terroristes de Septembre noir, référence au massacre par le roi Hussein des groupes armés palestiniens présents sur le territoire jordanien en septembre 1970. Le 5 septembre 1972, à quatre heures du matin, huit hommes armés s'infiltrent dans le village. Ils gagnent le bloc 31, où dort la délégation israélienne, pénètrent en force dans les appartements. Sur les quinze sportifs présents, deux sont tués en tentant de résister aux intrus, un troisième arrive à s'enfuir en arrachant une fenêtre, un quatrième s'échappe un peu plus tard. Restent onze otages aux mains du commando, qui exige la libération des prisonniers arabes détenus en Israël. Après plusieurs heures de négociation, les terroristes se dirigent avec leurs otages vers l'aéroport de Fürstenfeldbruck. Une intervention policière tourne à la catastrophe, entraînant la mort de tous les otages et de cinq des huit terroristes. Au réveil, le monde abasourdi découvre sur les écrans de télévision deux réalités avec lesquelles il va devoir apprendre à vivre, le terrorisme et la Palestine. Les Jeux olympiques sont suspendus pour vingt-quatre heures. Une cérémonie à la mémoire des victimes se déroule dans le stade le 6 septembre. Selon le vœu du président du Comité international olympique, l'Américain Avery Brundage, les compétitions reprennent le lendemain, malgré la polémique suscitée par cette décision.

Le spectacle continue. À Paris, Serge Danlos, fan de Johnny, fait découvrir à Nicolas *J'ai tout donné*, documentaire filmé par François Reichenbach sur le monde du rockeur. Reichenbach réalise aussi *Mon amie Sylvie*, une année en tournée avec Mme Jean-Philippe Smet, jusqu'au spectacle qu'elle met en scène à l'Olympia à l'automne 1972. Le soir de la première, Johnny brille par son absence. Les relations du couple se sont détériorées, certains journaux s'empressent d'annoncer leur rupture. Quand Sylvie Vartan interprète *Ne me quitte pas*, une reprise de Jacques Brel, quelques journalistes inspirés y voient un message adressé à son mari. Le samedi soir, Maritie et Gilbert Carpentier font la pluie et le beau temps sur le divertissement à la télé. Andrée bricole un plateau-repas, Nicolas prend ses aises sur le sofa. Ils aiment ça, tous les deux, les décors en carton-pâte version play-back décalé. Ce n'est pas encore *Numéro Un*, mais *Top à...* multiplie déjà les succès de leurs chanteurs préférés, Johnny, Sylvie, Claude François, ou encore Sacha Distel et Thierry le Luron. Lorsque les Sarkozy arrivent à Neuilly, la mode est aux duos : Sheila et Ringo se pâment dans *Les Gondoles à Venise*, Stone et Charden se préfèrent *Made in Normandie*. Sans conviction, Sylvie et Johnny y vont du leur, s'avouent *J'ai un problème*. Le 45-tours fait un malheur, consacré disque d'or quelques semaines à peine après sa sortie dans les bacs des disquaires.

Il y a la variété, et puis il y a le sport. À moins que ce ne soit l'inverse ! Dans le nouvel appartement, Nicolas a défait les cartons. La gorge serrée, il a posé sur l'étagère les albums de philatélie, les siens et ceux de papy. À côté, il a rangé l'un de ses trésors, peut-être plus précieux encore : un petit cahier d'écolier, chiffonné d'avoir été manipulé. À l'intérieur, plus de cent soixante paraphes noircissent les pages reliées, Roger Pingeon, Julio Jiménez, Franco Balmamion, Jean-Pierre Genet, Raymond Poulidor, presque tout le Tour 1967... Cette année-là, Serge Danlos et Nicolas avaient rallié d'un coup de pédalier Pontaillac à Royan pour accueillir les coureurs, fous de bonheur au milieu des amateurs. Plus dégourdi du haut de ses seize ans, Serge a attrapé le bloc de Nicolas, le faisant circuler à l'arraché d'un cycliste l'autre, « Un autographe s'il vous plaît, vous voulez bien marquer "Pour Nico" ? », en tendant un stylo. La plupart ont accepté. En rentrant à vélo, Nicolas a coincé le cahier sous son polo pour ne pas l'abîmer, imaginant déjà l'admiration de papy Mallah. C'était il y a six ans. Rien ne sera plus jamais comme avant.

3

NICOLAS ET LA POLITIQUE

Les premiers pas

« Je suis candidat à la présidence de la République. » Jacques Chaban-Delmas vient de se déclarer,
ce jeudi 4 avril 1974. Il n'a même pas attendu la fin
des obsèques de Georges Pompidou, inhumé dans
l'intimité au cimetière d'Orvilliers ! C'est peu dire
qu'il a mal choisi son moment. Une partie de la
droite française est scandalisée. Le chef de l'État est
décédé trois jours plus tôt, le 1er avril, après plusieurs
jours d'agonie. Il y a quelques mois, le visage bouffi,
l'enflure de son cou, l'alourdissement de sa silhouette ont trahi la maladie lors des apparitions d'un
président épuisé. Sa disparition ouvre une succes-

sion compliquée : l'UDR (Union pour la défense de la République) est profondément divisée entre les gaullistes de tradition et les gaullistes dits « pompidoliens », très hostiles à Chaban-Delmas. La « nouvelle société » que défend cet ancien résistant leur paraît une utopie dangereuse, propre à déboussoler leur électorat sans pour autant rallier les suffrages populaires. En 1972 déjà, peu convaincu par les théories sociales de son Premier ministre et gêné par les révélations du *Canard enchaîné* sur sa feuille d'impôts, le président Pompidou avait bouté Chaban hors de Matignon. Cette fois, ce sont d'anciens conseillers de l'Élysée, au premier rang desquels Marie-France Garaud et Pierre Juillet, qui vont œuvrer pour empêcher son succès. Le premier tour est fixé au 5 mai. Le candidat Chaban-Delmas démarre sa campagne dans l'allégresse, porté par une opinion qui a choisi d'en faire son favori. Il tient l'un de ses premiers meetings à Boulogne, acclamé par des milliers de militants enthousiastes. Parmi eux, un jeune homme goûte à son baptême du feu, le cœur froissé comme une feuille de papier. Nicolas Sarkozy découvre l'exaltation d'une salle, l'ardeur de l'orateur, le pouvoir de la clameur, l'émotion qui vous saisit aux tripes avec l'intensité d'une décharge électrique. Il est arrivé de Neuilly dans la Peugeot d'un ami, une 404 blanche. Serge Danlos est là aussi,

fervent partisan de Chaban. Ils n'ont rien dit à
Andrée de leur destination – elle déteste la politique,
cet univers de brutes dont la violence l'affole ;
depuis Mai 68, elle est convaincue que le militan-
tisme consiste à cogner sur l'adversaire après avoir
arraché ses affiches, puis à être arrêté par la police
qui surveille toute la population. Elle n'a pas réagi
lorsque Nicolas lui a annoncé qu'il s'était inscrit à la
permanence de l'UDR, en face de la mairie. Tant
qu'il reste à Neuilly... Mais elle ne comprend pas son
enthousiasme, ni ce temps qu'elle juge perdu à coller
des enveloppes. Certains soirs, elle sent bien qu'il
ment lorsqu'il quitte l'appartement en invoquant
« un dîner entre copains ». Mais il vient d'avoir dix-
neuf ans, il est étudiant. Difficile de lui interdire de
sortir !

Le dimanche soir, dans sa chambre ou dans le
salon, Nicolas refait le monde pendant des heures
avec son ami Jean-Marie Chaussonnière. Ils se sont
rencontrés à Saint-Louis-de-Monceau, élèves de première qui partagent une passion pour le foot. Après
les cours, ils filent au troquet, s'affrontent au flipper
à grand renfort de jurons. Les secousses des bum-
pers arrachent au tableau lumineux des gémisse-
ments électroniques, que ponctuent les saccades des
boules de métal. « *More fun to compete !* » assure le
tilt final. « On gagne, on perd, et toujours on espère

– pouvoir s'en refaire une petite, gratuite », résumera bientôt le groupe Téléphone. En même temps, ils ont découvert les filles et déjoué leurs hésitations. Ensemble, ils ont traversé l'Europe dans une vieille Volkswagen, une Coccinelle fatiguée qui affiche plus de deux cent mille kilomètres au compteur en arrivant à Istanbul. Les banquettes en Skaï noir brûlent au soleil, le tacot fait un boucan d'enfer. Mais le monde leur appartient : fenêtres ouvertes, ils brandissent à l'occasion un petit drapeau tricolore qu'ils ont piqué sous le pare-brise en quittant la place de la Concorde. L'Autriche, la Grèce... Ils descendent de voiture, jettent leur sac sur les lits dans des hôtels de fortune, sortent le ballon du coffre. Sur le trottoir, tous les soirs, l'Allemagne de l'Ouest affronte les Pays-Bas. La finale de la dernière Coupe du Monde se rejoue entre eux à guichets fermés.

Au retour, Nicolas entre en droit à Nanterre pour préparer une carrière d'avocat. C'est une université politique, clivée entre les gaullistes et les gauchistes : en cours de licence, l'étudiant Sarkozy égare dans un couloir sa carte de membre de l'UJP (Union des jeunes pour le progrès), le mouvement des jeunes proche du pouvoir. Quelques jours plus tard, une photocopie agrandie du carré de papier est placardée sur les murs de la fac, graffitée au marqueur rouge : *Non aux nervis du pouvoir ! Les fascistes dehors !!* Un matin, un délégué de l'UEC (Union des étudiants communistes) tente même de lui interdire l'accès de la faculté, barre de fer à la main. Les temps ne sont pas au débat. Les insultes fusent, puis c'est tout de suite le coup de poing. Cette fois, Sarkozy et ses copains assistent au cours, sonnés mais entrés. Pourtant, Nicolas n'est pas très souvent présent, sauf pendant les séances de travaux dirigés. « Un jour, je serai président de la République », glisse-t-il déjà au voisin qu'il aime bien, avec une assurance qui laisse ses interlocuteurs stupéfaits. L'action publique, il le sent confusément, correspond mieux que le droit aux aspirations qui s'ébauchent dans l'esprit de cet ambitieux. Il a soif du même enthousiasme, de l'engouement perçu sous la frénésie des commentaires saluant l'arrivée du Tour de France à la télévision. Et s'il a bâclé sa scolarité, aujourd'hui, Nicolas Sarkozy est prêt à mettre le prix pour réussir cette vie. Quelques semaines avant la mort de Georges Pompidou, un peu ému mais sûr de lui, il a poussé la porte de la section UDR de Neuilly. « Bonjour, je voudrais distribuer des tracts. » Séduit par son énergie, le trésorier, un certain Philippe Grange, se lie d'amitié avec ce gamin sans complexe, qu'aucune des tâches les plus subalternes ne rebute. Aller chercher un café, rester plus tard pour fermer, couper, coller, il n'est jamais découragé, toujours partant.

Pourtant, le temps lui est compté, lui qui s'est mis à travailler pour payer ses cours : quand il n'est pas derrière le comptoir de la Sorbetière à régaler les plus jolies filles de Neuilly, il emballe aux côtés du fleuriste Hermès, à deux pas de chez sa mère. « Laissez-le-moi, madame Andrée, c'est un vendeur hors pair, je prends les paris sur sa carrière ! »

Nicolas trouve son bonheur ailleurs. Il vit intensément la campagne présidentielle et les déboires de Chaban, honni par certains au sein de son propre parti. Dans l'ombre, des manœuvres s'ourdissent : tandis qu'Edgar Faure se prête en vain à une candidature d'union fabriquée de toutes pièces contre le héraut de la « nouvelle société », des proches de Pierre Messmer, Premier ministre en exercice, laissent entendre qu'il pourrait être l'homme providentiel. L'hypothèse fait long feu. Alors, à défaut d'écarter Chaban-Delmas, les pontes de la droite ont l'idée de l'affaiblir. Ils s'appuient sur le ministre de l'Intérieur, le jeune Jacques Chirac, qui ramène quarante-trois parlementaires gaullistes dans le giron du candidat Giscard, son homologue aux Finances depuis douze ans. Il lui assure ainsi la victoire. Trahison ! Cette fois, Chaban-Delmas ne se relève pas. À Neuilly, Nicolas Sarkozy est ulcéré. Les jeux sont faits, qu'importe : à quelques jours du premier tour, il descend les Champs-Élysées en scandant « À bas

172

Chirac ! », « Chaban président ! » au milieu de ses partisans ; au palais des sports, plusieurs milliers de spectateurs acclament le baroud d'honneur du perdant. Le 5 mai 1974, pour la première fois dans l'histoire de la Vᵉ République, ce n'est pas un candidat gaulliste qui est en tête.

À quarante-huit ans, le sourire carnassier, Valéry Giscard d'Estaing incarne le changement auquel les Français paraissent aspirer. Le premier, il a compris l'importance de l'image et la manière de l'exploiter : l'ensemble de sa campagne n'est qu'une habile mise en scène, variations sur toutes les gammes de la communication. Giscard dispute une partie de foot, Giscard joue de l'accordéon, Giscard dans sa bonne ville de Chamalières, Giscard en pleine forme, Giscard au plus près des préoccupations quotidiennes de la France profonde. Il maîtrise le message, mais aussi le meilleur moyen de le diffuser : terminées, les leçons bien apprises et mal récitées. Ministre en exercice, Valéry Giscard d'Estaing installe son tableau noir sur le plateau du journal télévisé, inscrit à la craie les chiffres clés de l'économie du pays. Son aisance, sa clarté, la nouveauté, tout assure son succès. Sa fille Valérie-Anne aussi, visage de premier plan sur les affiches de ce père qui se donne à voir. Les électeurs lui offrent les clés du second tour. Il l'arrache à François Mitterrand sous les projecteurs,

à l'occasion d'un débat retransmis par l'ORTF :
« Vous n'avez pas, monsieur Mitterrand, le mono-
pole du cœur. Vous ne l'avez pas. » Son adversaire
socialiste, déstabilisé, ne réussit pas à inverser le
cours de l'émission. Le 24 mai, il est défait avec
49,19 % des suffrages.

Giscard s'installe rue du Faubourg-Saint-Honoré.
Il nomme à Matignon l'un des artisans de sa victoire,
Jacques Chirac, l'infidèle, l'apostat. Le gaullisme historique se meurt, miné de l'intérieur. Ses barons sont
à terre, le cœur dans la poussière. À la fin, ils sont
las de ce monde ancien. Au nom de l'unité et de la
pérennité du mouvement, Chirac met la main sur le
secrétariat général de l'UDR sans qu'aucune résis-
tance n'entrave le hold-up. La permanence de
Neuilly, elle, fait peau neuve : Nicolas Sarkozy ripo-
line la façade, couleur bleu horizon. Quelques mois
seulement ont passé depuis son adhésion. Sans
ostentation, il a commencé à structurer les jeunes au
sein d'une section « qui, à vrai dire, ne l'était pas tellement[1] ». Souvent, en quittant la « maison » après
avoir rincé les verres et rangé les biscuits d'un
énième apéritif, il lève les yeux vers la mairie. De
l'autre côté du trottoir, il aperçoit les fenêtres d'un

---

1. Anita Hausser, *Sarkozy, itinéraire d'une ambition*, Paris,
L'Archipel, 2003.

grand bureau aux tentures pourpres où Achille Peretti, premier édile de Neuilly, ignore tout encore de son existence. Par la voix d'un de ses amis d'adolescence proche du nouveau pouvoir, Hugues Dewavrin, la giscardie triomphante lui ouvre son lit sans façon et lui propose de rejoindre l'équipe politique qui anime son parti : « Ne perds pas ton temps et ta vie. Les gaullistes sont dépassés, la gauche est vaincue. Le changement est en route. Tu ne peux pas rester sur le bas-côté pendant sept années au moins, parce que Giscard n'en restera pas là. Viens avec nous, tu auras ce que tu voudras [1]. » C'est non, tout net. Le mépris de ces gens bien mis insupporte Nicolas Sarkozy. L'arrogance de leurs manières l'exaspère – il la connaît, la place en bout de tablée dressée loin dans un salon de réception et réservée au fils d'une mère divorcée. Malgré toutes ces années, elle le fait encore trembler de colère et d'humiliation. Ce monde-là, il n'en veut pas. Sa famille est à Neuilly, un peu tape-à-l'œil parfois, un peu trop fardée souvent, mais riche de mille promesses à qui veut la séduire. En la matière, le jeunot sait y faire. Il a de qui tenir.

---

1. Nicolas Domenach, *Sarkozy au fond des yeux*, Paris, Jacob-Duvernet, 2004.

Le RPR

Dans son bureau de la rue de Lille, Robert Grossmann range ses papiers. Élu UDR de Strasbourg, il ne vient pas tous les jours au siège parisien du parti. Il se consacre ici à son activité du vendredi au lundi. L'homme ne paie pas de mine. Son costume n'est pas fait sur mesure, et son sourire est plutôt doux. Pourtant, à trente-quatre ans, il est l'une des figures du mouvement : en 1965, c'est lui qui a créé l'Union des jeunes pour le progrès, l'UJP, une formation indépendante du parti gaulliste conçue et animée pour rapprocher un pouvoir vieillissant d'une nouvelle génération de militants. Le pari est gagné dès 1968 : avec plus de trente mille membres, l'UJP offre à de Gaulle un lien privilégié avec la jeunesse.

En 1969, Robert Grossmann réussit à déplacer la moitié du gouvernement français aux assises de l'UJP à Strasbourg. Le Premier ministre en personne, Georges Pompidou, assiste aux débats ! Mais l'échec de Chaban-Delmas à l'élection présidentielle décime les rangs des jeunes gaullistes. Le mouvement périclite, miné par des divergences internes. Grossmann prend ses distances. L'éloignement ne dure pas – en 1974, orpheline de ses talents d'organisateur, l'UDR, la « maison gaulliste », revient le solliciter. Jacques Chirac, nouvel homme fort en son parti, lui demande de rallier les jeunes au panache tricolore du gaullisme, dont les déchirements et la défaite ont terni l'aura. Il faut un second souffle à une union qui vieillit. Grossmann devient secrétaire général adjoint. Il scrute, il écoute, il discute, il enrôle. Pas évident de percer un futur talent sous l'embarras du nouvel adhérent. Ce matin-là, au printemps 1975, des bruits de voix lui font lever les yeux.

Au fond du couloir, un jeune type aux allures de gamin a des fleurs dans les bras. Il vient de Neuilly pour livrer son bouquet. Quelque chose dans sa dégaine retient l'attention : il est petit mais il a une façon particulière de s'exprimer, d'occuper l'espace. Il donne le sentiment d'être à l'aise. L'homme politique se lève, sort de son bureau, s'avance à sa rencontre. Avec sa veste en velours un peu râpé sur un pantalon de toile, le garçon qui lui fait bientôt face n'a pas cette mise apprêtée qui rebute souvent le recruteur strasbourgeois. Il tend la main :

« Salut ! Robert Grossmann.

— Nicolas Sarkozy, heureux de vous connaître.

— Je m'occupe des jeunes ici, ça t'ennuierait qu'on discute ? Je t'offre un café. »

L'entente est immédiate. Nicolas Sarkozy a envie d'apprendre, il est pressé d'être remarqué. Il les a vus évoluer si vite, ses copains du mouvement des jeunes giscardiens qui ont désormais leurs entrées dans l'entourage du nouveau président ! Lui n'a pas leur lignée, pas leurs réseaux, même pas leurs diplômes. Il n'a que son culot et cet ardent désir de réussir.

En très peu de temps, Robert Grossmann lui met le pied dans l'appareil, l'impose au comité central et au bureau exécutif de l'UDR. Nicolas Sarkozy devient le porte-parole de sa génération au sein du parti qui peine à la mobiliser. À quelques semaines des assises de l'UDR, c'est lui que Grossmann choisit pour participer à une aimable causerie matinale retransmise à la télévision : il s'agit de faire partager les motivations d'un jeune gaulliste. Autour d'une pizza et d'un verre d'eau, leur pain quotidien, il l'aide à préparer sa première émission. Le topo initial de « Sarko » n'emballe pas son répétiteur : « 11 sur 20, pas plus. » L'autre est furieux d'être déprécié. Pendant une heure, ils perfectionnent ensemble un argumentaire, travaillent les gestes, le rythme des phrases. La partition musicale qu'il va diffuser ? Le *Chant des partisans*, interprété par Leonard Cohen. Il ne s'agit pas d'être dans le vent, on lui demande juste d'être convaincant. C'est l'apprentissage du prosélytisme et de ses figures imposées. Il maîtrise vite la langue de bois et ses clichés, présente bien, ni déluré ni guindé.

L'émission est réussie. Délégué départemental des jeunes des Hauts-de-Seine, Nicolas Sarkozy est convoqué à Nice les 14 et 15 juin 1975 pour incarner la jeune garde devant un parterre de barons qu'unit une même détestation de Giscard. Avec son ami d'enfance, le jeune gaulliste Serge Danlos, qu'accompagne sa future femme, il voyage par le train de nuit. Leur compartiment est bondé, la chaleur caniculaire. Impossible de trouver une bouteille d'eau dans toute la rame. Les garçons fraternisent avec des délégués de la Seine-Saint-Denis, leurs voisins de couchette. Un abîme franchi entre deux mondes ! Ils arrivent à Nice avec le soleil, militants éblouis par la lumière du Sud et les longues jambes des filles juchées sur des semelles compensées. La jupe se porte mini, les lunettes « mouches » donnent aux brunes de faux airs de Jackie Kennedy. Nicolas Sarkozy a vingt ans, une belle tignasse, la bouche charnue, des rêves de conquêtes à fleur de peau. Dans la grande salle du palais des congrès, plusieurs milliers de militants communient à l'ombre d'une immense croix de Lorraine, sous les effigies du général et de Georges Pompidou. L'heure est solennelle, les discours sont pleins d'emphase. Le jeunot n'aura droit qu'à quelques mots – pour un peu, on aurait presque oublié qu'on lui avait demandé de témoigner ! D'ailleurs, personne n'a pensé à lui réserver une chambre : il va coucher sur un matelas de fortune, aux pieds de Serge Danlos. « Eh, Nico, ça tombe bien, le lit est petit ! », s'amuse Danlos, jamais le dernier pour moquer son ami. Lequel est bien trop énervé pour songer à dormir. Toute la nuit, il répète à mi-voix le discours qu'il a écrit sur le recto verso d'une feuille de papier arrachée à un grand cahier. Il n'a jamais parlé dans un micro, il n'a jamais eu de public. Sa chance est là, au bout des doigts, une dizaine d'heures à peine le séparent de son destin... Allongé dans l'obscurité, il murmure en serrant les deux poings : « Tu es le meilleur, tu vas leur montrer. »

Son tour vient au matin, juste après Michel Debré. L'assemblée frissonne encore des visions prophétiques de l'ancien Premier ministre. L'orateur suivant est prié de ne pas s'attarder – à l'heure où se construit demain, qui se soucie des balbutiements d'un gamin ? La démonstration de force des gaullistes, minutieusement orchestrée par le chef du gouvernement, doit impressionner le président, rappeler à Giscard qui l'a fait roi. « Sarkozy, c'est toi ? » Chirac jette un œil. Celui-là, il ne le connaît pas. « C'est moi. » Le grand ordonnateur des débats a déjà l'esprit ailleurs. « Tu as deux minutes. » C'est maintenant. C'est le moment. Nicolas Sarkozy gravit les marches, avance à la tribune. L'éclat blanc des projecteurs l'éblouit un instant, la tête lui tourne, le plaisir est si violent qu'il est presque douloureux. Il commence à parler dans le bruit. Son propos n'a que peu d'importance. « Être jeune gaulliste, c'est être révolutionnaire, révolutionnaire pas à la manière de ceux qui sont des professionnels de la manif[1]. » La puissance est dans la voix, sa manière de vous saisir, de vous tenir, de vous contraindre à l'écouter. Il parle vingt minutes, interrompu par des applaudissements.

Le succès est une jouissance charnelle, un instant incandescent d'éternité. L'avenir n'est qu'une quête éperdue pour retrouver l'intensité d'une première fois. En attendant, Nicolas Sarkozy a réussi le défi – sortir du lot. Briller. Se distinguer. « Qui c'est ? », demande Achille Peretti, le député-maire de Neuilly. Justement, le petit s'avance vers lui pour le saluer. Il sait l'importance des convenances. L'ancien, séduit, flatté, l'invite à le retrouver en mairie. Nicolas glisse un pied dans cette porte ouverte. Le premier pas compte triple. Décidément, les barons sont bluffés. Pierre Messmer lui propose une place parmi eux au déjeuner. Précédant l'ex-Premier ministre, Sarkozy pénètre sous la tente bondée. Surpris par les vivats,

1. . Cité par Anita Hausser, *Sarkozy, itinéraire d'une ambition, op. cit.*

il s'écarte, se retourne. Messmer sourit. « C'est pour toi ! » L'euphorie du héros du jour serait totale s'il n'avait pas perdu le pari tenu contre Serge Danlos : son ami a serré plus de fois que lui la main de Jacques Chirac sans que celui-ci ne les reconnaisse.

Mais c'en est fini de l'anonymat. Chirac l'identifie d'autant mieux que, en décembre, Nicolas, aux côtés de Robert Grossmann, mobilise plus de vingt mille jeunes au Bourget pour soutenir un chef de gouvernement à couteaux tirés avec le président. La maison UDR ne recule devant aucun sacrifice pour humilier la giscardie : elle subventionne un show à l'américaine, spectacle et frissons compris. Sur scène, le groupe Il était une fois a encore rêvé d'elle. La salle enthousiaste connaît la suite. En chœur : « J'en ai rêvé si fort que les draps s'en souviennent... » Blond blé, Joëlle est ovationnée par un public qui réclame juste une nuit pour elle et lui : « Si je savais où la trouver, donnez-moi l'espoir, donnez-moi un soir, laissez-moi y croire... » Dans la foulée, l'athlète Guy Drut, meilleure performance mondiale en 110 mètres haies, souffle ses vingt-cinq bougies sur une tarte géante. « JOY-EUX A-NNI-VER-SAIRE ! », hurle l'assistance. Chirac n'en espérait pas tant, météorite enluminée par cette pluie d'étoiles. Pour les remercier, il invite à souper à Matignon les responsables du secteur UDR-

Jeunes. À quelques jours de Noël, il fait un froid polaire. Nicolas Sarkozy, grippé, porte un col roulé sous son éternelle veste en velours, un jean et ses boots. Il est là pour réussir, pas pour un prix d'élégance. Au cours du repas, Jacques Chirac lui réserve l'un de ses apartés dont il a le secret, qui vous persuade de votre importance et vous étourdit de promesses. André Bord, secrétaire d'État aux Anciens combattants, a même une médaille pour lui : « Désolé, c'est la seule que je puisse te donner ! » À l'été 1976, Chirac claquera la porte sur les doigts de Valéry Giscard d'Estaing. Dans son sillage, Nicolas Sarkozy, vingt et un ans, fera partie des cent membres fondateurs du Rassemblement pour la République.

Guillaume, 1978

Il y est presque. Plus qu'une dizaine de barreaux, et c'est le haut de la grande échelle. Vingt-cinq mètres. Le paradis. L'enfer. En bas, les collègues ne sont plus que des points brillants qui s'agitent. Guillaume Sarkozy hisse son mètre quatre-vingt-dix, accroché au métal. Bientôt, ses jambes qui flageolent vont lui faire défaut. Il serre les dents, la sueur de son front coule dans ses cheveux trop longs, le casque tire dessus. Il a le vertige, une trouille irraisonnée qui le tétanise tout entier. Voilà un gars qui descend. Il va falloir se croiser. Le pompier Sarkozy ferme les yeux, s'agrippe au montant de l'échelle. « C'est fini », pense-t-il. Mais non, l'autre l'a enjambé, il est passé. Encore quelques marches jusqu'à la nacelle. Bon sang, il en a rêvé, petit garçon, du casque, du camion rouge ! Et cette devise, « Sauver ou périr »... À cet instant, c'est se sauver dont il rêve. « Qu'est-ce que je fous là ? », râle-t-il, les yeux brouillés par l'émotion.

Oubliée, la vocation de héros, cet appel au dépassement de soi qui a guidé ses pas jusque chez les sapeurs-pompiers de Paris ! Plutôt que de partir faire son service militaire en Allemagne, planton ou gratte-papier dans une caserne, Guillaume a voulu devenir pompier. Au pied de l'échelle, son panache a foutu le camp. Et encore, ce n'est qu'un entraînement, l'épreuve du feu reste à venir. Il a vingt-trois ans, l'âge des choix. Quel soulagement d'être maître de son destin, de ne plus obéir aux adultes, de ne plus se soumettre à la discipline scolaire ! En y réfléchissant, Guillaume n'a pas aimé être un enfant. Trop de contraintes, trop de soucis d'adultes endossés sans pouvoir rien y changer.

Il se perdait dans de méticuleuses, interminables constructions en Meccano, plongeait pendant des

heures dans ses manuels d'astrophysique. À Orgerus, il fallait le déloger du grand cèdre où il se pro-
mettait de faire tous les exercices de son bouquin de
math en un week-end. « C'est un scientifique »,
répétaient les professeurs du cours Saint-Louis à sa
mère enchantée. Guillaume Sarkozy était bon en
math. La voie royale, à une époque où les sections
littéraires n'attiraient que les rêveurs. « Cheveux
longs et idées courtes », lançait Johnny à Antoine,
précurseur d'une génération de hippies. Très peu
pour les Sarkozy, élevés dans le culte de la réussite
et convaincus que la vie ne fait pas de cadeau à ceux
qui naissent sans héritage. La devise familiale, « On
part tous sur la même ligne, mais on n'est pas obligés
d'arriver tous en même temps », met les garçons en
compétition, et leur mère leur pique les fesses. Tous
en haut de l'échelle ! Andrée, toute à son rêve de
voir son fils aîné en uniforme à boutons dorés, l'a
poussé à faire l'École navale. Guillaume a souscrit
au désir maternel, math sup et math spé au lycée
Jeanson-de-Sailly, reçu à Navale. Mais dans un sur-
saut de rébellion filiale, il a décidé de devenir ingénieur. Bâtir des ouvrages d'art, signer ses œuvres,
passer à la postérité... « Génial », répète-t-il à
Andrée, que ce tic de langage à la mode agace. Guillaume rate de peu l'École des mines, intègre l'École
spéciale des travaux publics de Paris. Il est pressé

d'entrer dans la vie active. Mais d'abord, en terminer avec la grande échelle. Bientôt, le pompier se retrouve planqué derrière un bureau, chargé de mission à la direction de la Sécurité civile. Un Sarkozy au ministère de l'Intérieur... Va-t-il faire carrière ? Entre quatre murs, c'est un lion en cage. La voiture rouge exerce un attrait irrésistible. Il restera pompier volontaire deux ans de plus.

À vingt-cinq ans, il habite encore avec sa mère, dans une chambre au-dessus de l'appartement. Il a bien tenté de s'éloigner, de vivre sa vie de garçon avec quelques copains. L'aventure a tourné court ; à peine quelques mois, et voilà Guillaume de retour. Chez Andrée, il est certain de trouver des Pailles d'or, ses biscuits préférés, alignés pour lui dans le placard. IBM l'a engagé après son service militaire. Il étudie l'art de la guerre commerciale.

À la fin des années soixante-dix, l'entreprise informatique symbolise le progrès. Des usines à Nice dans des décors idylliques, des hauts salaires, c'est l'Amérique dans l'Hexagone ! Guillaume s'entraîne à vendre le nouveau produit mondial avec le sérieux d'un ingénieur. Trainings, briefings, il découvre la partition des commerciaux du futur dans un épais manuel bleu : apprendre par cœur, appliquer sans réfléchir. Au bout de deux ans, il a fait le tour de la question. Il s'ennuie. Ce libéral, persuadé que Sartre et ses copains ont conduit la France dans le mur, déteste le salariat. Employé ou esclave, pour lui, c'est pareil. Il rêve d'un bureau directorial. Son meilleur souvenir ? La grand-messe à Saint-Philippe-du-Roule, les enfants de chœur en rangs et lui aux commandes. Plus que tout, Guillaume Sarkozy veut être patron. Il va bientôt toucher au but.

Il s'est marié en 1978 avec Sylvie, l'héritière du Nord. Blonde, grande, protestante, elle est aussi réservée que sa belle-mère, qui garde la spontanéité de ses origines séfarades, est enjouée. Andrée n'est pas très à l'aise avec elle. La supériorité un peu condescendante qu'affiche cette famille de grands bourgeois la crispe. Un an plus tard, les Vever sont frappés par un deuil : M. Vever père meurt brutalement, sans avoir préparé sa succession à la tête de son usine, Tissage de Picardie, une maison fondée en 1935 près d'Amiens. Il laisse une usine décapitée, des employés désemparés. Son fils est architecte, sa fille ne travaille pas. Aucun des deux n'a l'intention d'assurer la suite. Qui ? Guillaume, le gendre ! Il a vingt-huit ans, de l'énergie. On lui laisse les commandes de la vieille fabrique aux bâtiments de brique. Le nouveau directeur, accueilli comme un sauveur, se met au travail. Jour et nuit. À l'Est, les Chinois ne se sont pas encore réveillés. Le textile français est en état de grâce.

Neuilly, hôtel de ville

Il est parti du bout du bas. 37e sur 37 ! Aux municipales de mars 1977, Nicolas Sarkozy est élu en dernière position sur la liste d'Achille Peretti. Cette place, il la doit d'abord à son toupet et à sa détermination : depuis trois ans qu'il a commencé à militer à Neuilly, il est mû par l'obsession d'être le meilleur. Travailler pour grimper, c'est l'idée qu'il se fait de la réussite. Quand on part de rien, il faut se donner les moyens – il n'a pas terminé ses études mais sa disponibilité est totale et son engagement sans faille. Nicolas ne veut pas se rendre utile, il veut devenir indispensable. Le muguet le 1er mai ? Il harangue le chaland, batcleur hors pair, joli cœur d'occasion pour que sa section fasse la plus belle vente, le plus gros chiffre d'affaires. Des affiches à coller ? Il en emporte plus que les autres, se débrouille pour toutes les placer. Des tracts à distribuer ? Dans sa besace, la pile est double, et plus vite liquidée.

Il fait le siège de la mairie, dont Achille Peretti lui a entrouvert la porte aux assises de l'UDR à Nice : plus un jour sans qu'il passe, saluer, porter un café, discuter, proposer, écouter. Il est jeune mais bien élevé, il sait flatter sans obséquiosité, s'imposer en gardant ses distances, omniprésent et jamais encombrant. À l'ombre des grands hommes, dont il vampirise l'expérience, il s'enrichit de leur passé, de leurs manières. Nicolas Sarkozy remplit son bagage, petit à petit, avec la méticulosité d'une fourmi.

Il a vite appris à bluffer, a compris qu'en politique, le tout est d'impressionner : il fait acclamer le vieux Peretti par une salle surchauffée, persuadée qu'elle va voir Chirac débarquer. Le Corse a de l'affection pour le « garçon », comme il l'appelle, au point de l'inviter chez lui, dans sa maison d'insulaire. Gaulliste historique, compagnon de la Libération, maître en sa mairie de Neuilly depuis 1947, Achille Peretti apprécie la présence du jeune Sarkozy, si prompt à rendre service. D'autant que « l'autre » Corse des Hauts-de-Seine, Charles Pasqua, l'a pris en sympathie, ce petit, alors... C'est peu dire.

Le 23 septembre 1982, le jour où Nicolas Sarkozy dit « oui » à Marie-Dominique Culioli, l'un des deux témoins du marié s'appelle Pasqua. Le père de la jeune épousée est pharmacien à Vico, au nord d'Ajaccio. Pendant la réception, sur les pelouses très chics du Tir au pigeon, les Corses parlent du pays. Les femmes ont des voilettes, les hommes sont en habit. Pour venir, ils ont suivi l'allée de Longchamp, la route de la Muette et celle de l'Étoile jusqu'au cœur du bois de Boulogne. Ici, on est entre connaissances. Comme d'habitude, Andrée Sarkozy s'est occupée de tout, le traiteur, la réception, les invitations. À vingt-sept ans, Nicolas n'a pas encore quitté le nid : il s'est installé avec Marie au-dessus de l'appartement de sa mère, dans quelques mètres carrés que le fils a retapés. Il y a longtemps déjà, à un meeting du parti, il a croisé sans la voir cette jeune fille blonde plutôt jolie. Elle, conquise d'emblée, s'attache alors à le séduire. Douce, attentive, admirative... Il cède vite à ses assiduités. Fonder une famille, avoir des enfants, être pour eux le père qu'il n'a pas eu – Nicolas Sarkozy se marie.

Une embardée privée sur un chemin politique qui prend des allures de route nationale, attentivement balisée par Charles Pasqua : avec sa volonté d'acier et une gueule d'ange, « Nicolas » lui paraît promis aux plus éclatantes réussites. Patron du RPR dans le département, numéro 2 d'un mouvement qu'il a aidé Jacques Chirac à construire et à contrôler, Pasqua constitue l'un des piliers de la maison mère. Ancien employé de chez Ricard, sacré en son temps meilleur vendeur de Marseille et de ses environs, il en a conservé le bagou, l'accent et les chaussures bicolores. Ses méthodes, il les a éprouvées à la tête du Service d'action civique (SAC), la police parallèle du gaullisme créée en 1960 avec l'aval du général. Aux grognards fidèles des débuts succèdent vite les barbouzes et leurs « incidents », racket, proxénétisme, chantage, escroquerie, fausse monnaie, trafic de drogue, outrages aux bonnes mœurs. Repris en main par Jacques Foccart après 1968, le SAC devient un instrument de renseignements dévolu à la surveillance par l'UDR, puis par le RPR, grâce aux notes détaillées des représentants départementaux. En 1981, le responsable des Bouches-du-Rhône est assassiné avec toute sa famille. La tuerie d'Auriol marque la fin du SAC, dissout par la gauche au pouvoir en 1982. Avec tout ça, il n'a pas bonne réputation, le sénateur Pasqua, mais il est diablement efficace : figure de l'opposition au mitterrandisme, il est à la manœuvre sans état d'âme pour assurer les succès de Chirac. Il cornaque toute une génération de jeunes gaullistes à qui il enseigne les ficelles du métier : remplir une salle, bourrer des urnes, préparer la « claque », déstabiliser l'adversaire. Le véritable pygmalion politique du jeune secrétaire de section de Neuilly, c'est lui, qui l'introduit au sein d'une direction hiérarchisée à l'extrême en lui indiquant sur quelles marches s'appuyer pour progresser.

Pour le reste, Nicolas Sarkozy continue d'éprouver sa méthode, toujours partant, jamais mécontent. Il sait qu'on teste sa fidélité, seul gage de légitimité. Son ambition ne l'aveugle pas, elle lui ouvre les yeux : parfois, il est plus habile de perdre que de triompher. C'est ainsi que, aux législatives de 1978, Achille Peretti, nommé au Conseil constitutionnel par Edgar Faure, demande à son plus jeune conseiller municipal d'animer la campagne de Robert Hersant contre son ex-suppléante, Florence d'Harcourt, avec laquelle il s'est brouillé. Accusé d'avoir collaboré pendant la guerre, arrogant, suffisant, le patron du *Figaro* dessert sa cause dans des cocktails trop mondains où le champagne coule à flots. Nicolas Sarkozy comprend très tôt que l'échec est assuré, malgré le soutien personnel de Jacques Chirac. Moussaillon d'un navire qui prend l'eau, il se bat jusqu'au bout pour éviter qu'il n'échoue. À l'heure du naufrage, Hersant disparaît corps et âme, fragilisant Peretti en son fief de Neuilly. Sarkozy, lui, gagne trente longueurs d'un coup : aux municipales de mars 1983, le maire septuagénaire, qui a besoin de sa vigueur et de la fraîcheur de son image, le remercie en le faisant passer de la 37e à la 7e place et en lui accordant le titre d'adjoint.

Désormais, l'ex-délégué aux affaires scolaires n'est plus un inconnu : les appariteurs le saluent lorsqu'il arrive à la mairie. Les mêmes, six ans plus tôt, l'avaient écarté rudement des marches du palais le jour du mariage de l'une de ses idoles, le chanteur Michel Sardou : « C'est une cérémonie privée, veuillez reculer. » Trop chevelu, pas assez pincé, il ressemblait bien plus à l'un de ces milliers de fans massés derrière les grilles de la rue qu'à un conseiller municipal. Il n'en avait d'ailleurs pas encore le sésame, la petite carte tricolore qui aurait dompté ces cerbères. « Je viens d'être élu ! » Rien à faire, ce fut la rue. Le trottoir eut pour lui le goût ranci d'une place en bout de table, celle qu'on réservait, avant, aux enfants moins bien nés. « Dernière fois », se jura Nicolas.

Six ans plus tard, l'affaire est donc rondement emballée. Elle n'est pas rondement menée : Achille Peretti meurt d'une crise cardiaque le 14 avril 1983. Il a juste eu le temps d'introduire Charles Pasqua sur sa liste, laissant circuler l'idée qu'il pourrait lui passer le témoin en cours de mandat. C'est assez pour que le Corse, sorti de l'hôpital par Nicolas Sarkozy et Patrick Balkany, le maire RPR de Levallois-Perret, à la veille d'être opéré d'une hernie, se voie déjà assis dans le meilleur fauteuil de la mairie. À son âge, avec son passé, il faut au moins Neuilly, sa bourgeoisie, son absence de fantaisie, pour assurer sa rédemption. Pasqua respire : il en est sûr, c'est acquis. Et puis, le petit Sarkozy est là pour l'aider !

Il n'est pas là pour l'aider, le petit Sarkozy, il est là pour l'éliminer. Sous son duvet de poussin, c'est un petit faucon. Il les a vus, les regards plein de mépris, il les a entendues, les plaisanteries. Il en a ri, lui aussi. Parfois, c'est même lui qui les a provoquées, à propos de l'accent ou des souliers. Non, décidément, Neuilly n'aime pas Charles Pasqua. Rien de tangible, aucun coup bas. Il fait « peuple », voilà. Malgré ses costumes sur mesure, sa coiffure, il n'a ni l'élégance ni la discrétion qui siéent à cette population policée. Alors que Nicolas Sarkozy, avec son cartable, si serviable, il est d'ici, lui. Qui s'en méfierait, du gentil, du toujours poli, qui vient de nulle part et qui n'a pas d'appuis ? Pas Charles Pasqua. C'est à peine s'il entend les chuchotis qui bruissent contre lui dans la quiétude de Neuilly. À vingt-huit ans, sans argent, sans nom, sans ami, il faudrait être fou pour défier « Charlie » !

Même sa famille le lui interdit, après avoir découvert l'affaire dans les journaux : Guillaume répète qu'il est cinglé, qu'il « fout en l'air » sa carrière, Andrée hausse les épaules, Paul s'en mêle, péremptoire, définitif. Aucun n'entame la détermination de Nicolas. Quoi, à cause de son âge, il faudrait qu'il cède, qu'il renonce à un combat dont il sent la victoire à sa portée ? Les discours lénifiants sur les lendemains qui chantent à qui sait attendre, il les a assez entendus. Un « prends ! » vaut mieux, à ses yeux, que deux « tu l'auras peut-être, mais rien n'est moins sûr ». La fidélité aux aînés ? Il en a donné toutes les preuves, depuis huit ans qu'il travaille aux côtés de Pasqua – il en a rameuté, des jeunes, pour faire la claque aux conventions du RPR, il en a passé du temps à exécuter à la lettre les injonctions du patron ! Il est quitte, sans hésitation. Quant au conseil municipal, Nicolas Sarkozy a su, pendant ses six ans de mandat, y nouer les liens appropriés. Il en a l'intime conviction, il saura convaincre les vingt-cinq voix qui lui sont nécessaires pour être élu.

Il commence par souffler l'investiture de son parti au nez de Charles Pasqua. Battu sans appel par l'élève, le maître quitte la réunion des élus RPR aussi furieux qu'il était arrivé détendu, et exige immédiatement de Jacques Chirac qu'il fasse rentrer l'insolent dans le rang. Chaque ponte du parti y va de son sermon, on le menace d'excommunion, on lui promet l'enfer d'un paria. Nicolas Sarkozy ne se soumet pas. Après tout, la politique est l'art du rapport de forces – c'est exactement ce que lui a appris Charles Pasqua. Il ne dort plus, il ne mange plus, à l'exception, parfois, d'une énorme pizza. Il ne parle que de ça, il ne pense qu'à ça : arracher les voix, une à une, conquérir le terrain, pas à pas. Au soir de l'élection, le 29 avril 1983, quand il entre dans le hall bondé de l'hôtel de ville, il a plié au fond de sa poche, sur une feuille de papier, son discours de maire. Les esprits sont échauffés. Des insultes fusent, certains en viennent aux mains. Un premier tour est annulé, cinquante bulletins pour quarante-neuf conseillers. Dans le bruit, dans les cris, le dépouillement du second tour commence. « Louis-Charles Bary », « Louis-Charles Bary », « Louis-Charles Bary », égrènent les scrutateurs, qui ajoutent des encoches devant le nom du candidat UDF. « Nicolas Sarkozy », enfin, une fois, deux fois, dix-huit fois. Andrée, Paul, Guillaume et François poursuivent à haute voix : « vingt et un », « vingt-deux », « vingt-trois ». Le hurlement s'amplifie. « Vingt-cinq », « vingt-six » ! Neuilly est prise de folie. Nicolas Sarkozy est groggy. Quelle revanche sur le mépris, sur la condescendance, sur les fausses sympathies...

L'appartement d'Andrée est pris d'assaut. Dire qu'elle a rechigné à organiser une réception ! « Tu as prévu quoi, pour demain soir ? », lui a demandé son fils aux premières heures de la matinée du samedi. « Je n'ai prévu rien, figure-toi ! » Il y a sept mois, elle le mariait, celui-là. Les buffets, les petits fours, le champagne, les costumes de cérémonie à louer, la mère en a un peu sa claque, pour tout dire. « Écoute, sois gentille, occupe-toi de ça. Il y a des gens qui vont venir exprès, il faut les recevoir. » Allons bon, il insiste ! C'est qu'il y croit vraiment, à sa victoire. Andrée soupire. Elle tourne les talons, prend son téléphone, commande quelques pains surprises, trois broutilles. « Je te préviens, ce sera

196

simple ! » Le lendemain soir, c'est une émeute. On fait la queue en bas de l'immeuble. Andrée Sarkozy est débordée, acculée dans un coin du salon. Impossible d'accéder au buffet. La famille est réunie au grand complet. Guillaume dans son costume de patron, son épouse Sylvie, François qui prépare son internat de médecine, Paul, très à son aise avec Inès, sa dernière femme, à son bras. Serge Danlos, le copain d'enfance, réussit à monter malgré ses béquilles : il s'est cassé la jambe quelques semaines plus tôt, et porte sur son plâtre un pantalon rouge déchiré. C'est la seule tache de couleur au milieu d'une marée de costumes gris muraille. Il étreint longuement Nicolas. Le nouveau maire lui glisse à l'oreille : « Qu'est-ce qu'ils ont été mauvais, ces cons ! » Avant d'ajouter à haute voix : « C'est la première marche qui est difficile. »

Oublié, le différend qui les a éloignés ces deux dernières années : au début du mois de mai 1981, quelques-uns des cent membres fondateurs du RPR, dont Serge Danlos, ont choisi de voter François Mitterrand contre Valéry Giscard d'Estaing. Leur haine de celui qu'ils considèrent comme le fossoyeur du gaullisme aura raison de leurs ultimes hésitations. « Serge, tu ne peux pas faire ça ! » Marie-Dominique Sarkozy a bien tenté de le dissuader lors du grand meeting de campagne aux Floralies. En vain.

Ce soir, deux ans plus tard, deux hommes se retrouvent, deux amis. Ce soir, ils oublient la politique, les mauvaises querelles, l'amertume. Sur le palier, l'ascenseur en surchauffe finit par prendre feu. Là où il est arrivé, Nicolas Sarkozy n'en a plus l'utilité.

ÉPILOGUE

Paris, Novembre 2005

« *Happy birthday*, Dadu ! » Pour la photo, ils posent tous les cinq, les parents et leurs trois garçons. Andrée est assise au premier plan, souriante, pas très bien installée dans un fauteuil trop profond. Elle porte autour du cou la médaille de « la mère la plus méritante » que Guillaume vient de lui offrir. Voilà un titre qu'elle juge ne pas avoir usurpé ! À sa gauche, Paul Sarkozy en prince consort, virtuose des apparences. Il affiche son sourire de réclame, la main sur le genou d'Andrée. Quarante-cinq ans après l'avoir quittée, trois fois remarié, il a naturellement cette manifestation d'intimité possessive. L'ex-épouse ne s'en offusque pas. Peu lui importe qu'oublieux de leur histoire il se prête pour la galerie au jeu de l'homme idéal, prenne la pose du vieux couple assagi. Depuis plus d'un demi-siècle qu'Andrée supporte les lubies de Paul, au fond, elle s'en moque : elle l'aime bien, ce dandy incorrigible, qui continue de lui raconter en aparté d'hypothétiques conquêtes féminines, cet aventurier dont elle ne connaît que ce qu'il a bien voulu dire de lui, ce père distant, arrogant souvent. Ses amies ont toujours loué son abnégation, salué sa volonté de maintenir le lien entre Paul et les garçons. Mais Andrée est honnête avec elle-même : elle sait que ces efforts, finalement, ne lui ont pas tant coûté. Se trouver à son côté comme si de rien n'était lui semble d'une étonnante banalité. Debout derrière le couple assis, les enfants, Guillaume, Nicolas et François. Trois ambitions, trois réussites. Les vœux de leurs parents ont été exaucés.

Dans le salon de ce grand appartement, celui de François, ils sont tous là, les complices de Neuilly, des enfants, d'antan. Les Hauvette, les Feuillade, les Godlevski. Leurs cheveux ont blanchi, l'âge a creusé les visages, les silhouettes avancent au ralenti – les amies d'Andrée Mallah s'accrochent à la vie. Hier encore, au temps du Front populaire, sur les bancs du cours Dupanloup, elles n'avaient pas quinze ans. Hier encore, l'avenir leur appartenait – se peut-il vraiment que les jours anciens soient si loin ? Cette soirée, c'est le temps retrouvé, un instant d'éternité, quelques secondes de répit arrachées aux heures qui s'enfuient. Trois ombres ont disparu du tableau. La vieille dame hongroise, Kotinka Sarkozy, s'est éteinte dans un petit appartement à Munich l'année où François Mitterrand et Helmut Kohl posaient main dans la main à Verdun pour la postérité. Suzanne Mallah, « tante Loulou », la sœur d'Andrée, s'est réfugiée dans les limbes d'une jeunesse dérobée, frappée par la maladie de l'oubli qui l'a détachée du présent, de ses neveux qu'elle aimait tant. Catherine Danlos enfin, la comtesse qui écrivait des romans d'amour, a tiré sa dernière révérence au début des années quatre-vingt-dix. Son fils, Serge Danlos, est passé embrasser « sa Dadu ». Depuis que Nicolas Sarkozy a quitté Marie-Dominique pour refaire sa vie, les vieux amis du fils d'Andrée se sont éloignés. Danlos salue Guillaume et François, saisit en s'éloignant des bribes de conversation. Il sourit. Il doit être le seul, ici, qui vote à gauche. Un socialiste ! Après avoir choisi François Mitterrand contre Valéry Giscard d'Estaing à l'élection de 1981, il a quitté le RPR pour le PS avec armes et bagages. Conseiller municipal à Asnières, dans les Hauts-de-Seine, « tendance Strauss-Kahn », il est désormais l'un des plus fervents opposants au maire UMP de sa ville, Manuel Aeschlimann. Qui se trouve, par

LES SARKOZY, UNE FAMILLE FRANÇAISE

l'une de ces plaisanteries du hasard, être membre de l'équipe présidentielle de... Nicolas Sarkozy. Absente aussi, ce soir, Cécilia Sarkozy, la deuxième épouse du ministre, échappée à New York.

Presque tout le monde vit à Neuilly. Les fils, les premières épouses, Marie, Sylvie, Christine, les deuxièmes, les neuf petits-enfants, Jean, Capucine, Arpad, et encore les « pièces rapportées ». Dix femmes pour quatre hommes, dix mariages et six divorces pour cinq Sarkozy, c'est Hollywood dans les Hauts-de-Seine ! Comme leur père, Guillaume, Nicolas et François ont laissé derrière eux des femmes et des larmes, pensions alimentaires comprises. Comme leur père, ils ont été celui qui part. Chacun a vécu cet échec à sa façon, avec son lot de rancœurs et de culpabilité. Guillaume assure qu'il a profité pendant treize ans d'un célibat « bien mérité ». Nicolas n'a pas supporté l'absence de ses deux fils aînés, lui qui pourtant ne prenait jamais de vacances, ou si peu, pour être avec eux : séparé de Marie-Dominique, déjà ministre, il venait tous les matins les accompagner à l'école. Il attendait ses garçons à la porte du domicile de leur mère, juste pour un bout de chemin partagé. À cette époque, il a vu dans leurs yeux des ombres qu'il a reconnues, surgies des plis du passé, du temps de la pizzeria de la place Wagram. Dans le regard de Pierre et de Jean, il s'est retrouvé face à

Paul, le sourire sans tendresse, l'ennui à peine dissimulé. L'ambiguïté des sentiments, la difficulté de donner, faut-il les avoir éprouvées pour les comprendre et cesser d'en souffrir ? Certains réveils sont cruels, ceux qui voient poindre, dans la vérité du miroir, les travers paternels. Cette part douloureuse de son histoire, Nicolas Sarkozy, par la force des événements, s'est vu contraint de la revisiter.

Les Sarkozy, séducteurs de père en fils, n'ont épargné personne. « Il y a sept Mme Sarkozy dans le Bottin de Neuilly », s'amuse Andrée, la première d'entre elles, la seule qui ne se soit pas remariée et s'en félicite chaque jour. Elle n'a jamais perdu quiconque de vue, jusqu'aux ex-beaux-parents de ses fils. Sa façon à elle d'être fidèle. Elle vit seule dans un deux pièces, soigne ses plantes sur le balcon, se maquille avant de sortir. Deux fois par jour, elle descend Arthur, son yorkshire, dont l'un des parents est un terrier de bonne lignée. Régulièrement, elle tente de congédier le garde du corps mis à son service depuis qu'elle a reçu des lettres anonymes : « Il est tard, rentrez chez vous, lui dit-elle, sinon vous ne verrez pas vos enfants avant qu'ils s'endorment ! » Sur le mur du couloir, la verrière d'Orgerus dessinée par François Villon est un peu de travers. « Quand je pense que papa a refusé qu'il fasse mon portrait », se dit Andrée lorsqu'un rayon de soleil frappe ce tableau qu'elle ne voit plus. Trente-trois ans qu'elle l'a sous les yeux ! À côté du téléphone, pêle-mêle des petits-enfants. Les coupures de presse qui racontent ses garçons, Andrée les a empilées dans un tiroir du buffet, à côté des vieux albums où sont collés tous les clichés dentelés. Benedict et Adèle Mallah autrefois, Paul à vingt ans, le jeune couple à peine fiancé dans l'hiver du bois de Boulogne, Nicolas en larmes sur la plage de La Baule, Guillaume qui fait le clown, un plan serré sur le museau de Virginie, la chienne. Cette photolà, c'est presque celle qu'Andrée préfère... Elle garde tous les articles qui parlent de ses fils mais elle n'a plus le courage de les ranger – il y en a tant ! Elle ouvre le tiroir, glisse la feuille imprimée sur le tas. Parfois, Andrée découpe un portrait qu'elle trouve avantageux, met sous verre Nicolas qui sourit, un petit clou sur la tapisserie murale suffit. Les lettres noires du recto se dessinent en transparence, elle s'en moque. Le fouillis, c'est la vie. Quand les petits-enfants viennent déjeuner, Andrée prend sa matinée pour préparer le repas.

Le temps n'a pas rapproché ses deux aînés. Candidat à la présidence du syndicat patronal, le Medef, en mai 2005, Guillaume a dû s'atteler à un ancien ministre de l'Économie, Francis Mer, faux nez de son ambition, pour sauver la paix familiale. Son frère venait de confier sur France 2, devant des millions de téléspectateurs, qu'il pensait à l'élection présidentielle chaque matin en se rasant. Pas de place pour un autre Sarkozy dans les manchettes des journaux. Évincé dans les urnes au profit de Laurence Parisot, Guillaume a toujours soupçonné Nicolas d'avoir torpillé sa candidature. Le jour même du scrutin, une main malhabile ou mal intentionnée avait écrit *Nicolas* au lieu de *Guillaume* sur le petit écriteau posé à la tribune devant les orateurs... Plusieurs de ses amis avaient essayé de le raisonner, lui assurant qu'il n'avait aucune chance d'être élu, qu'aucun patron responsable ne prendrait le risque de gêner le ministre de l'Intérieur. Deux Sarkozy aux manettes ? « C'est tout simplement impossible », affirmaient ses proches Il n'a pas voulu les entendre : être président le premier, quel beau coup de dés pour faire enrager son cadet !

Il ronge son frein, Guillaume. Le Tissage de Picardie, qu'il a racheté lors de son divorce en s'endettant pour quinze ans, est laminé par le textile chinois. Dans sa course au pouvoir, il a brigué le fauteuil de patron des patrons alors que son entreprise était au bord du dépôt de bilan. Remarié à une femme qu'il a mise aux commandes du navire en déroute, logé par sa mère dans l'appartement historique de Neuilly, convaincu qu'il n'a pas eu les succès qu'il méritait, Guillaume Sarkozy se proclame « SDF », même s'il a déjà préparé sa reconversion. Rien qui fasse sourire son chauffeur. Pour l'heure, Nicolas surtout exaspère son frère. À l'apogée des sondages, il est le candidat naturel de la droite française à l'élection présidentielle de 2007. Lui, le petit, dont il connaît les moindres travers, pourrait devenir demain le chef de tous les Français ! C'est grisant et c'est insupportable. Nicolas a beau avoir quatre ans, vingt centimètres et quelques kilos de moins que lui, Guillaume peine à se départir de son rôle d'aîné, de premier.

Cette rivalité de quinquagénaires, leurs amis s'y sont faits. Depuis le temps que ça dure... Ce soir, Guillaume et Nicolas font tous les deux bonne figure : c'est l'anniversaire de leur mère. Chez les Sarkozy, on a appris à se tenir. Invités sur le plateau de Michel Drucker, le 27 septembre 2001 [1], les trois frères, la « triplette de Neuilly », ont déjà joué la partition de la fratrie. Quand Nicolas célèbre à l'américaine son intronisation à la tête de l'Union pour un mouvement populaire (UMP) en novembre 2004 au Bourget, les siens sont déjà au premier rang pour afficher leur fierté. La tribu est encore au complet lorsque Chirac remet la Légion d'honneur à

1. Dans l'émission *Vivement dimanche*.

206

Nicolas sous les ors de l'Élysée. Paul, en pleine forme, fait la causette à Bernadette. La première dame de France minaude : « Vous semblez être l'aîné de vos garçons ! » Andrée n'est pas en reste : « Un homme très bien, ce M. Chirac », glisse-t-elle en partant à l'oreille de son cadet. Elle et la politique...

En famille, les garçons ont cessé de s'empailler depuis un mémorable déjeuner dominical chez Andrée, du temps où Nicolas Sarkozy était en charge du budget dans le gouvernement d'Édouard Balladur. Au dessert, c'était le Medef contre l'État, le ministre voulait déplafonner la taxe professionnelle, le gâteau hongrois a failli voler sur les bibelots. Depuis, la pluie et le beau temps sont au menu des agapes familiales. Aucun événement ne paraît atteindre des convives imperturbables. Cécilia est partie ? Tout Paris bruisse de son aventure extra-conjugale ? La tablée feint d'ignorer la chaise vide. Nicolas ne parle pas. Chez les Sarkozy, on a appris à se taire. Le 14 juillet, Andrée continue de réunir son monde à Pontaillac, volontairement ignorante des inimitiés d'enfance que le temps n'efface pas. Guillaume et Nicolas se sont « toujours chamaillés », constate-t-elle en haussant les épaules. Broutille ! Andrée n'a jamais regardé ce qu'elle ne veut pas voir. Chacun de ses fils fait broder ses initiales sur ses chemises, c'est l'usage dans le monde qu'ils fréquentent. Les retrouvailles sont sonores. Elles masquent à peine les chemins qui s'ignorent. Bien après la chute du mur de Berlin, l'année de ses soixante-dix ans, Paul a emmené toute la famille en Hongrie. Ils sont allés jusqu'à Alattyán, le père affirmait qu'il voulait montrer le château de son enfance. Là-bas, ils n'ont rien trouvé, rien vu : plus de soviets, plus de domaine. Juste des fils barbelés, des baraques vite construites et un arbre immense, dernier vestige. Personne ne s'est éternisé, le pèlerinage a fait long feu – il est des sujets qu'il vaut mieux ne pas creuser. Ses fils n'ont pas oublié l'épopée racontée par Paul. Mais peuvent-ils lui faire confiance, lui qui a toujours pris des libertés avec la réalité ? Chacun s'arrange avec son histoire. Chez les Sarkozy, moins on en dit, mieux on se porte. Plus tard, en visite officielle à Budapest, Nicolas Sarkozy a fui les journalistes. Dans certains cas, la discrétion est la meilleure des parades.

Cette réserve, François, le benjamin, y tient plus que tout. Petit, il arbitrait les bagarres des aînés. Aujourd'hui, il a choisi l'autre côté du miroir médiatique : à quarante-cinq ans, il reçoit en toute discrétion, derrière la porte capitonnée de son cabinet de conseil en stratégie et communication. François, « la perfection faite garçon », annonçait Andrée devant ses amies, a déjà vécu plusieurs vies. D'abord, il a été pédiatre. Son père, absent lorsqu'il a intégré médecine, l'a félicité le jour où il a réussi l'internat. Le dernier-né ne lui en veut pas, contrairement à ses frères. « On devient adulte quand on accepte ses parents tels qu'ils sont », dit-il d'une voix trop douce pour être entendue. Ils l'amusent, ce père et son parcours baroque. Les mirages entretenus par le vieil aventurier le touchent : qu'importe la vérité, si on est plus heureux à côté ? François a appelé ses enfants Arpad et Kotinka, sa manière de revendiquer ses origines. Il aime l'argent, autant que Guillaume et Nicolas jouissent du pouvoir. Une revendication incompatible avec l'Assistance publique ! Pédiatre et diplômé en économie, François a quitté la France. Direction New York, ses gratte-ciel et ses salaires à l'avenant. L'industrie pharmaceutique lui a ouvert les bras avant de garnir son compte en banque. De retour à Neuilly, il apprécie les signes extérieurs de richesse auxquels son père tenait tant, un immense appartement, la vie facile, le luxe d'une belle voiture ou des meubles de style. Nicolas dirigera peut-être un jour les affaires de la France, mais c'est de François que Paul est le plus fier : à l'aune de sa valeur financière, quel exemple pour ses frères !

Chez son fils, Paul se sent chez lui. La profusion de champagne, l'envergure des pièces, le prix des bibelots. Andrée a soufflé ses bougies. Le Hongrois sourit, embrasse, « Comment vas-tu, chérrrie », il virevolte dans son costume de coupe italienne. Il tient à distance les fantômes du passé, ignore Nicolas, dont l'agacement affleure sous la carapace. Se souvient-il seulement du « Je ne vous dois rien ! » qu'il a lancé au visage de ses garçons adolescents ? À présent, c'est exactement ce que son cadet rêve de lui assener, fort d'une carrière dont il a gravi toutes les marches sans appui. Le sommet, enfin, est à portée de sa main – en 2007, peut-être... Cette campagne présidentielle, la première que Nicolas Sarkozy portera comme candidat, pourrait le conduire directement à l'Élysée. Vingt-quatre ans après le coup de poker réussi à Neuilly, il a beaucoup appris : les codes, les ficelles, les artifices, il les connaît, désormais. Il a gagné, il s'est battu, il a perdu, et puis il est revenu, il a reconquis son rang à la force de sa volonté. Il joue sur tous les registres, politique, médiatique, philosophique avec un livre sur la religion, « people » dans ses histoires de cœur. Il a quelques fidélités, autour de lui, des visages du passé. Hasard du calendrier, tandis qu'il se tend vers l'avenir, Charles Pasqua, soixante-dix-neuf ans, vient d'être renvoyé devant un tribunal correctionnel pour une affaire de financement présumé illégal. Nicolas Sarkozy a rompu les fils de toutes ces paternités. « Je ne te dois rien. »

Dans le brouhaha de la fête, au milieu de ces voix

qui résonnent dans sa mémoire, c'est à son grand-père qu'il peut penser, papy Mallah, qui serrait si fermement sa main d'enfant. Benedict reconnaî-trait-il l'homme qu'est devenu son petit-fils, dont l'ascension s'est construite sur des ruptures et des infidélités ? En politique, Nicolas Sarkozy a appris à prendre ce qui ne lui était pas donné. Pas de place pour les faibles dans le monde qu'il s'est choisi – plus il avance, plus la sphère se rétrécit, tronquée par les compliments de courtisans empressés. Parfois, Paul Sarkozy s'invite sur la photo[1], au détour d'une sortie publique : eh quoi, c'est aussi grâce à lui qu'il est là, le petit ! Côte à côte, malgré les années, il le dépasse de quelques bons centimètres. Il la veut, Nicolas, la place de choix dans la dynas-tie ? Il lui en dispute la suprématie ? Que le plus habile l'emporte ! À ce jeu de dupes, aujourd'hui, ils sont quittes. « Je ne te dois rien. »

Paul Sarkozy sourit sans se lasser, un peu raide d'être si longtemps debout. Il prend garde de ne pas se voûter, les épaules droites, le cou levé – sur-tout, ne pas traîner l'allure d'un vieux. Le soleil et les cocktails d'Ibiza, où il vit la moitié de l'année avec sa femme Inès, l'ont préservé des ravages des ans. Il n'a rien à envier, pense-t-il, aux amis de ses

1. Voir notamment la photo prise à l'issue de l'émission *La Marche du siècle*, le 6 avril 1994.

211

fils, des sédentaires que guette un embonpoint facile. Lui, l'octogénaire, le prodige de l'illusion, porte beau. Sarkozy de Nagy Bocsa, joli nom pour une grande lignée ! Longtemps, il s'est persuadé que la France, cette nation timorée, ne s'offrirait pas à un fils d'immigré. Aux États-Unis, en revanche... Il a cru que François s'enracinerait là-bas, il se réjouissait déjà de la percée du benjamin et de ses deux autres enfants. Paris, quelle destinée étriquée ! Paul observe Nicolas, plus dubitatif qu'enthousiaste. Président de la République. S'il lui est arrivé de le féliciter, il ne l'a jamais encouragé quand il en avait besoin. Il se souvient de son regard, de son hostilité, de cette rage rentrée qu'il s'est toujours amusé à titiller. Quel mal à vouloir vivre sa vie ? Il en a profité, Paul Sarkozy, des largesses que le destin lui a offertes. Malgré ses réserves, l'appétit de Nicolas lui rappelle le jeune homme qu'il était autrefois, avide, sûr de lui. En vieillissant, « on n'oublie rien, rien du tout, on s'habitue, c'est tout », chantait Brel.

« Je ne te dois rien. » Pourtant, sans lui, l'immigré en haillons qui fuyait ses démons, l'histoire politique de la France ne serait pas celle qui s'écrit aujourd'hui ! Paul Sarkozy termine sa coupe de champagne, satisfait. Père de président. Si cela doit arriver, ce grand illusionniste sera bon. Il a toujours aimé les rôles de composition.

Remerciements

Nous remercions les membres de la famille Sarkozy qui ont pris le temps de nous recevoir et de nous raconter leur passé. Seul Nicolas Sarkozy n'a jamais donné suite à nos demandes de rendez-vous.

Nous remercions Jean-Baptiste Rivoire et son équipe de Canal +, François Fejtö, Istvan Felkaï, Judith Karinthy, Florence Labruyère, Viktoria Muller, Katherine Piazza, pour leur connaissance et leurs recherches en Hongrie ;
les amis d'enfance et d'adolescence qui nous ont confié leurs souvenirs ;
les amis politiques et les autres pour le récit des premières années ;
Éric Mandonnet pour son regard sans complaisance.

Nous remercions Charlie et Jean-François pour leurs encouragements et leur patience.

Table

Photocomposition Nord Compo

Achevé d'imprimer en septembre 2006
par Firmin-Didot
pour le compte des éditions Calmann-Lévy
31, rue de Fleurus 75006 Paris

N° d'éditeur : 14141/01
N° d'imprimeur : 81238
Dépôt légal : octobre 2006

Imprimé en France